做一个
会表达的女人

李世强 / 著

文匯出版社

图书在版编目(CIP)数据

做一个会表达的女人 / 李世强著. — 上海：文汇出版社, 2018.1
ISBN 978-7-5496-2420-1

Ⅰ.①做… Ⅱ.①李… Ⅲ.①女性-语言艺术-通俗读物 Ⅳ.①H019-49

中国版本图书馆CIP数据核字(2017)第307764号

做一个会表达的女人

著　　者 / 李世强
责任编辑 / 戴　铮
装帧设计 / 天之赋设计室

出版发行 / 文匯出版社
　　　　　上海市威海路755号
　　　　　（邮政编码：200041）

经　　销 / 全国新华书店
印　　制 / 北京季蜂印刷有限公司
版　　次 / 2018年3月第1版
印　　次 / 2018年3月第1次印刷
开　　本 / 880×1230　1/32
字　　数 / 139千字
印　　张 / 8

书　　号 / ISBN 978-7-5496-2420-1
定　　价 / 36.00元

前　言

　　口才，说的是一个人的谈话艺术。一个女人，通过她谈话的水平往往可以看出她的个人修养和生活层次。因此，口才在女性的生活和工作当中都会起到重要作用。

　　一个口才好的女人，说的话往往比较容易理解。一个善于表达的女人，也往往可以让对方接受自己的想法。

　　这说起来容易，做起来其实并非那么简单。这是因为，每个人都有自己固定的思维模式，如果你想靠三寸不烂之舌去改变对方，那肯定不容易。例如，在和亲戚、朋友、恋人交谈时，只要有话直说，丝毫无须拐弯就可以了吗？在和同事、客户、合作伙伴交谈时，你觉得只要真诚相待就会赢得他们的尊重吗？

　　答案当然都是否定的。

　　女性从出生到上学，再到工作、结婚、生子，会碰到形形色色的人，在与他们的交往中，怎样能做到说话有尺度，不伤及任何人，同时也不会丧失自己的话语权，这就体现在口才上。

语言的力量在于张弛有度，深一分不行，浅一分也不行，只有找到真正适合彼此的表达方式，双方的交谈气氛才能缓和下来，最终趋于一致。

美国"石油大王"洛克菲勒说："假如人际沟通能力也是跟糖或咖啡一样的商品，我愿意付出比太阳底下任何东西都珍贵的价格购买这种能力。"

"柯达之父"乔治·伊斯曼也说："人生的幸福就是人际关系的幸福，人生的成功就是人际沟通的成功。"

而沟通离不开口才。口才不仅是一种能力，同时也是一门艺术，你越早掌握它，成功和幸福就会离你越近。

会表达、口才好的女性，必将能够通过自己的能力，让他人都看到她的与众不同。她也会在社交中左右逢源，在生活中广受欢迎，在职场中如鱼得水，在爱情中收获幸福。这样的女性，必然会成为这个社会最"恩宠"的女人。

这是专为女性朋友打造的口才类书籍。本书紧密联系当代女性在生活、职场、婚恋中遇到的问题，深入浅出地剖析案例，从各个角度为女性朋友诠释了在各种场合下运用好口才的技巧，以期让她们成为拥有卓越口才技能的魅力女性。

希望本书能够帮助到广大女性朋友，让每一个女人都拥有能说会道的口才，在生活中展示出自己独特的魅力，成为最受欢迎和最快乐的女人。

目 录
Contents

第一章 提升魅力：活用语言，你的人生更有魅力

多说开心话，你就是最受欢迎的女人 / 002

伤害不是我们说了什么，而是我们怎么说的 / 006

一张笑脸，让你更加动人 / 011

自信的女人最有魅力 / 014

人人都爱说"我"，却从不注意"我们" / 018

第二章 第一印象：难以忘记初见你时一副迷人的表情

良好的自我介绍，能让人感受到你的魅力 / 023

礼貌映衬出一个女人的优雅 / 028

找到共同话题，让人对你一见如故 / 034

让名字飘荡在记忆的天空 / 037

学些"客套话"，做个有修养的女子 / 040

001

第三章　巧言妙语：幽默让女人更加绚丽多姿

幽默的女人，嘴巴里有一个精彩的世界　/ 046

幽默感，让女人成为璀璨的明珠　/ 051

有了幽默感，走到哪里都不尴尬　/ 054

做聪敏女人，成为一个幽默的艺术家　/ 057

风趣地劝解，用笑声抹平痛苦的创伤　/ 061

化解尴尬，哪能少得了幽默这款调味剂　/ 064

替他人解围，幽默是最有效的法宝　/ 066

幽默的自我介绍，让你在面试中脱颖而出　/ 070

第四章　善解人意：懂得为他人着想的女人更迷人

学会倾听，做一个贴心的女人　/ 076

打圆场的达人，和稀泥也是好手　/ 083

即使你知道对方的隐私，也要装作一无所知　/ 087

恶语相击，永远不会得到善意的回复　/ 090

交谈须思考，口才好也不一定要与人争辩　/ 094

在失意人面前，你别总是嘚瑟　/ 098

第五章　学会拒绝：聪明女人从不把自己置于两难之地

不愿意去的聚会，要婉转拒绝　/ 105

谁的钱也不是白来的,该拒绝时别逞强 / 108

帮忙也要有度,保留住底线很重要 / 112

给对方戴个"高帽",同时拒绝请求 / 115

打肿脸充胖子不懂拒绝,等于害自己 / 119

想当"好人",最后只会苦了自己 / 124

有些"丑话"说在前面又何妨 / 129

第六章 抓住人心:赞美永远是一件快乐的事

赞美说在点子上,才能体现出你的技巧 / 135

用心观察,每个人身上都有值得赞美之处 / 138

恭维也是一种赞美,不过要做到含蓄 / 142

女性爱美,更爱被人赞美 / 148

赞美是打开人心的钥匙 / 153

批评也可以说得和赞美一样动听 / 157

第七章 玩转表达:再难听的话都有好听的表达方式

有修养的女性,从不会咄咄逼人地指责他人 / 164

回答有技巧,有些问题可以"听不懂" / 168

把命令变成建议,你的语言更具力量 / 173

用温柔的语言俘获对方的心 / 177

为何你总盯着他的短处,看不到他的长处 / 181

别把你的思想强加在对方身上 / 185

站在对方的角度，你的说服才有力量 / 189

第八章　能说会道：成为纵横职场的职业女性

出入职场，先要学会如何称呼别人 / 193

适时表现自己，成功才不会与你擦肩而过 / 198

掌握好说话尺度，等于骑上一匹宝马良驹 / 202

太过招摇，只会把自己推向风口浪尖 / 205

言谈举止，是女性在职场中成败的关键 / 209

撕掉"灰姑娘"的标签，成为职场红人 / 214

第九章　秀出自我：让领导看出你的与众不同

勇敢与上司交流，留下一个美好的印象 / 220

主动汇报工作，让领导看到你的努力 / 223

倾听上司的话，做领导的一位好观众 / 227

为良药裹一层糖衣，领导会更容易接受 / 232

对领导说"不"，讲究一定的方法和技巧 / 235

你并不是老板，不要擅自替他做主 / 238

若是会说话，提加薪其实很简单 / 243

第一章
提升魅力：活用语言，你的人生更有魅力

> 多说开心话，你就是最受欢迎的女人

> 伤害不是我们说了什么，而是我们怎么说的

> 一张笑脸，让你更加动人

> 自信的女人最有魅力

> 人人都爱说"我"，却从不注意"我们"

多说开心话,你就是最受欢迎的女人

不少女人羡慕主持人的工作,可一想到做主持人需要能说会道就打了退堂鼓。是啊,舌灿莲花的女人很受欢迎,好像天底下没有能难倒她们的事。然而,想要做到这一点,恐怕只会令人望而却步。

多数女人都为"不会说话"犯愁,认为自己缺乏交际能力,和朋友在一起都常常无话可说——除了家长里短,几乎没什么话题可谈。那么,她们如何能适应变化多端的"现场直播"?

好口才并非天生的,妙语连珠的能力也可以通过后天的努力获得。女人只需记住:一句开心话就会赢得一颗心;多说开心话,就会赢得更多人的欢迎和支持,让你成为社交达人。

所谓开心话,自然是令对方开心、乐意听的话。那么,哪些话令人爱听呢?怎样说开心话呢?

女人应该具备一定的学识和胸怀,内涵丰富、自身有料,说出来的话才不会淡而无味。打个比方,如果你有一桶水,送给别人一杯水,就是非常简单的事——可你连一滴水都没有,怎么办呢?

很多女人话虽多,质量却不高,令听者感到索然无味。这是因为,她们本身素质不高,又不懂说话的技巧。

李思怡从小爱看书,特别是上了大学以后,接触到更多不同类型的书籍,她就更喜欢看书了。她经常带着食物泡在学校的图书馆,一天都不出来。

李思怡看的书与其他女生不同,别人只看小说一类的,可她每种类型的书都看。甚至,有些男孩子才爱看的历史、地理、政治、军事方面的书,她也看。所以,在跟她聊天的时候,朋友发现她懂得很多,连老师都赞叹她的博学。

后来,老师推荐李思怡参加了学校组织的辩论会。在现场辩论的时候,她把自己所掌握的知识发挥得淋漓尽致,把对方辩友反驳得理屈词穷,最后赢得了全校辩论一等奖。

要想口吐莲花,必须有养育莲花的土壤。所谓腹有诗书气自华,换句话说,也可以是腹有诗书语自妙。当然,这里的诗书除了书本之外,还有社会这本大书。

《红楼梦》中的王熙凤没有读过书,照样说得一口开心话,常常逗得大家开怀大笑,更是博得贾老太君的宠爱。这是因为,她深谙社会习俗,懂得说话的技巧。看来,令人开心的话不是想说就能说出来的，需要缜密的思维，准确的表达，幽默的佐料，而这一切皆源于头脑中的智慧。

要想获得这种智慧，日常生活中，女人应该注意以下几点：

一、紧跟时代步伐，与时俱进地了解潮流

社会在不停地发展变化，新事物、新词汇会不断涌现出来，如果你的嘴里总是冒出几十年前的"旧词"，一来说明你观念陈旧，二来表明你缺乏与人沟通的欲望。

女人在衣着上总是不甘落后，不愿穿落伍的服装，总是把自己打扮得十分时尚。那么，在说话时也请注意随时更新自己的知识库，掌握时髦语言，以便与人交流起来没有障碍，令听者能听、爱听。

想要更新知识库，最快捷、最有效的方式就是多看新闻。可很多女人宁可泡在肥皂剧中追着剧情心酸地流泪，也不会去关注时事新闻。

女人要想与人交流得开心，请拿出一点时间关注时下的潮流，用新鲜的知识武装自己的头脑，以免一开口就暴露出自己的肤浅和无知。

二、在生活中不断积累经验，尤其是社交经验

学习那些说话得体的人，揣摩他们是如何说话的，如何通过语言调动气氛的，如何创造开心的社交场面的。

三、丰富自己的内心

在情感、知识、阅历等各方面丰富自己，因为这些"养分"会滋养女人的容貌、品位、爱心。

张纯待在家里看电视，这时候听到一阵敲门声，她以为是丈夫回来了，就起身去开门。可是，她刚打开门，一把明晃晃的刀就对准了她。拿刀的是一个胸脯文身、满脸杀气的男人，他低声说道："把家里的钱拿出来。"

一阵寒意让张纯的脑子差点失去理智。她站稳脚跟，努力使自己清醒一些，然后说："你是卖刀具的吧，我正打算买水果刀和切刀，请进屋吧。"

张纯把男人让进屋，就像招待朋友一样，给他倒了茶水，并且告诉他："我以前的邻居就是卖刀具的，现在他搬走了，我买刀具也就没那么方便了，所以，你来得真巧。"

此刻，男人脸上的杀气消失了，他喝着茶水，支支吾吾地回答着张纯的问话。张纯开始"认真"地看刀具，说："刀真不错，这把多少钱？"

"不贵，我卖得比市场价便宜。"

张纯把钱递给男人，那男人又找给她一些零钱，转身离开了。临走前，他对张纯说："太太，谢谢你。"

由于心中有爱，所以张纯才不会惊慌失措，才会在持刀敲诈的人面前说出如此动人的话。窃贼最终被感化，选择了重新做人。

一句开心话会赢得一颗心，张纯的这番话超越了语言的力量，体现出人性的真诚与美好。

伤害不是我们说了什么，而是我们怎么说的

也许你没有注意到这一点：伤害不是因为我们说了什么，而是我们怎么说的。同样的道理用不同的方式说出来，一定会有不一样的效果。

聪明的女人懂得拐着弯说出内心的想法，她们不会直截了当地表达对他人的看法。

比如，服装店老板不会直接对某位逛店女士说："这是我们店里新推出的款式，肯定适合你穿。"而是说："您穿的上衣，与我们店里新推出的款式一样，都很漂亮。"前面的话会让听者犹豫不决，后面的话会让听者十分开心。

会议有20分钟的中场休息时间，可时间早过了，大家才三三两两地走进会议室。老板的脸色已经很难看，空气有

些凝重。此刻，一个中层女管理员走进会议室，她还未落座就大声说："老板，您到底雇了多少女工啊？连去卫生间都要排队。"听到这话，老板忍俊不禁地笑了。

在人际交往中，女性朋友不时需要去说服别人接受自己的观点或者产品之类，让人相信自己。成功的女性推销员总是百发百中，就是因为她们深谙说话的技巧，知道如何巧妙地说出内心的想法。

某公司经理生性高傲、自负，能够接近他的人很少，所以多数人都对他敬而远之。

一天，公司新来的一位女会计找经理谈事时，开口的第一句话是："我刚进公司就听说有个作风雷厉，工作效率极高的经理，看来真是名不虚传啊！"

女会计话音未落，经理的脸上已露出笑容，接下来的谈话自然很轻松。

女会计没有一开始就直接找经理"办公事"，而是先来一句恭维话，打消了对方拒绝合作的念头，这样以后相处也自然容易多了。

拐着弯说出内心的想法，是一种高明的说话技巧，一来可以避免给对方难堪，因为有些话直接说出来会令对方难以接受；二来可以显示高超的交际手段，因为如果只逞口舌之快，想到什么说什么，后果会不堪设想。

汉景帝时，景帝的姐姐——馆陶公主刘嫖深受太后宠爱，很有地位。有一次，她对景帝的宠妃栗姬提议，想把女儿嫁给栗姬的儿子，并答应帮助栗姬夺取皇后之位，让她的儿子成为太子。

这本是一石多鸟的计谋，没想到栗姬这个女人头脑简单，因为多年来她对刘嫖心怀怨言，觉得她多次给汉景帝介绍美女，害得自己独守空房，着实可恼。因此，当她的儿子当上太子以后，她就把儿子与刘嫖女儿结亲的事抛到了脑后。

后来，刘嫖特意去找栗姬商议婚事，栗姬为了一泄心中怨气，当场将刘嫖一顿嘲讽，什么话难听就说什么。结果，她逞了口舌之快，解了心中怨恨，却得罪了刘嫖。

刘嫖转而和皇帝的另一位妃子王娡结亲，让女儿陈阿娇嫁给其子刘彻。为了让女儿能够成为未来的皇后，也为了报复栗姬，刘嫖不时在汉景帝面前夸刘彻，说栗姬的坏话。

慢慢地，汉景帝也觉得刘彻确实德才兼备，同时也对栗姬产生了不满。不久，栗姬的儿子被贬，娘家人也受到牵连，她本人也被汉景帝打入冷宫，再无出头之日了。

只图口舌之快，发泄心中怨恨，这是女人常常会做的糊涂事。当面给人难堪，口舌痛快了，可日后怎么办？逞口舌之快是一时冲动的反应，可也要知道：冲动是魔鬼。

避免逞口舌之快，遇到问题时就应该先思索，再开口。

开口之前要想到：说出去的话犹如泼出去的水——覆水难收，它将会带来什么后果？一再提醒自己，不仅要避免逞口舌之快，还要锻炼说话的方式、方法。当然，最好的办法就是借别人之口说出自己的想法。

生活中常常能见到"托儿"，不要小看他们的作用。中国人喜欢随大流，借"托儿"之力可以鼓动更多的人来围观。比如，向顾客推荐某款化妆品，哪怕你费尽口舌介绍它的多种好处，顾客也不见得会相信你，最后只好来一句："我认识的很多朋友都在用这个品牌。"

这句话的效果，会远远超过产品介绍、产品试验。如此一来，没有人去验证是否有很多女性都在用这款产品，但你已经达到了目的。可见，"借人之口"也是拐着弯说出内心想法的一种。

总之，不管遇到什么情况都不要冲动，控制好自己的情绪，说话前多费心思，寻找解决问题的最佳方式，就能在生活中顺风顺水。

静静在商场逛了几个小时，大包小包地买了很多衣服。正当她兴高采烈地离开时，突然想起刚才付完钱以后，好像没有把钱包收回来。她赶紧发疯似的跑回刚才付账的那个店铺，可是四处寻找，也没发现钱包的影子。

静静一阵心凉，刚才的高兴劲此刻全没了，因为钱包中有她刚刚从另外一家公司结算回来的一万元支票。

"老板，你有没有看到一只黑色的钱包？"静静问店主。

"没看见。"店主回答。

静静盯着店主的眼睛，心想：刚才明明就是在这里付的账，那时候钱包还在，怎么一转眼就没了？因此，她根本不相信店主的话，不过她也没什么证据——即便真是店主拿的，随便藏个地方她也找不到，人家还会骂她诬陷。

所以，要想找到钱包只能来软的。于是，静静就跟店主说："我的钱包不见了，大概是刚才一忙乱，付完钱就把钱包落下了。那里面有张支票，我无论如何都得找回来。"

静静摆出一副不找到钱包誓不罢休的样子，但店主就是不理不睬。

这时候，静静灵机一动，说："你帮我找找吧，你看这里人来人往的，大家都在看热闹呢。我知道不是你拿的，可是，在你的店里找钱包，谁也不知道别人会怎么想，这对你的生意有影响。"

店主的脸色有些难看，她开始慢腾腾地翻腾。静静赶紧说："我的很多同事都很喜欢逛街买衣服，我以后就带她们到你这里来。"

不一会儿，店主递给静静一只黑色的钱包，正是她丢的那个。静静打开一看，里面什么都没少。

静静的目的是要回钱包，而不是讨伐店主昧良心。所以，如果一味地跟店主争执、吵闹，看似在讨要钱包，实则在为自己的过失找借口，而把责任推到了店主头上。

如果因此伤害了店主的自尊心，把她逼到绝路上去，她就会想："既然你说我是个贪财的人，那我就贪了，看你怎么办！"

从上述几个案例中我们可以看出，不管处理什么事，说话时都一定要先思考话该怎么说，才能在不伤害对方的同时找到最佳的解决办法。这考验了一个女人为人处世的智慧，更是一个女人情商的体现。

一张笑脸，让你更加动人

对女人来说，你的笑容是最好的妆容。

对那些整天愁容满面的人来说，你的笑容就像穿过乌云的阳光。尤其对有生活压力的人来说，在面对上司、客户、老师、父母或子女时，一个微笑能带给他们莫大的安慰与支持。

而爱对他人微笑的女人，一定是富有爱心、胸襟开阔的人。也只有这样，她们才能赢得人心。

一个满脸笑容的女人，往往比一脸严肃的女人更使人心动，也更受大家的欢迎。在人际交往中，常常保持微笑的女人，看着永远都是那么高贵、优雅。

伸手不打笑脸人，没有人会拒绝与一个笑容满面的人打交道，尤其是女人。让自己成为一个拥有灿烂笑容的女人吧，这样你在人际交往中就会占据优势——你的笑容不仅能打动人、感染人、影响人，还能给你带来无限好运。

夏雪是一家肉类加工厂的质检员。一次，她在下班前走进冷库做例行检查，没想到这时发生了意外——门竟然关上了，她被反锁在里面。

她在冷库里竭尽全力地喊着、敲打着，可是由于这时大部分工人都下班了，她的求救声没人听得到。不过，幸运的是在一个小时后，就在她冻得嘴唇发紫、意识模糊时，那扇门被工厂的保安打开了，她奇迹般地被救了出来。

后来，夏雪问保安，他怎么会想到去开冷库的门，因为这本来不属于他的工作范围。

保安向她解释："在这家工厂我已经工作了20年，每天看到几百名工人进进出出，但在许多人眼里我被视而不见，好比是空气。可是，只有你每天早晨上班时微笑着向我问好，晚上下班后会与我微笑着道别。

"今天，你像往常一样来上班，可是下班一个多小时了，我都没有听到你的'再见'。我就想，你是不是发生了什么意外情况，于是就到处找你，最后想到你的工作属性，终于在冷库这里找到了你。"

就是这样简单的微笑，打招呼的话，最后使得夏雪被救了回来。

所以，不要认为"打招呼"只是很细微的礼仪，相反，它在维系人与人的关系中起着很大的作用。

微笑是真诚、友好、善意的标志，是最好的交流方式。微笑可以化解矛盾和冲突，营造和谐、融洽的氛围。

你的笑容会给你带来许多意想不到的效果。在一些交际活动中，当你露出灿烂的笑容，许多问题都会迎刃而解，一切关系都会因你的满脸笑容而变得亲切、融洽。要想在交际中取得很好的效果，获得好人缘，就需要养成微笑的好习惯。

微笑，可以使女性的面容更美丽、更精致。笑容就是你最如意的橄榄枝，能把你的真诚、善意、友好传递给所有与你交往的人。

微笑如此迷人，女人何不试着对生活中的自己微笑，对身边的人微笑,对需要帮助的陌生人微笑,把自己迷人的微笑展现给全世界。

你对世界微笑,世界也会报之以微笑!

自信的女人最有魅力

奥斯卡奖是许多电影人穷极一生所追求的目标,奥斯卡颁奖典礼也是电影界举世瞩目、星光灿烂的盛典。毫不夸张地说,所有参加奥斯卡颁奖盛宴的人,都是电影界出类拔萃的人物,而如何在这个盛会上彰显口才的魅力,至关重要。

通常,发表奥斯卡奖获奖感言不能超过40秒,可对于美国女演员詹妮弗·康纳利的获奖感言,所有人都觉得有些尴尬。

詹妮弗·康纳利凭《美丽心灵》获得当年的奥斯卡最佳女配角奖,她情绪激动地走上领奖台,说:"嗯,能够获得大家的肯定我很激动,我想说的话有很多很多……嗯,在这里呢,我要感谢很多人……"

接着,她居然拿出了一长串要感谢的人员名单,并且低着头一个不漏地照着念完了。这让观众听得直打哈欠。

相比之下，朱莉娅·罗伯茨的表现就好多了。她因《永不妥协》获奥斯卡最佳女主角奖，一时间激动得什么也说不出来，傻笑了三分钟才平静下来。但随后，她就简洁有力地说了一句："我爱死这个地方了！感谢在我的一生中我遇到的每一个人。"话语简短却有力，不拖泥带水，赢得了全场热烈的掌声。

虽然朱莉娅·罗伯茨所用的获奖感言时间超过了40秒钟，可她说的话如此精短、有力，并且表现得落落大方，在场的人都被她那真实和热情的姿态感染了，目光紧紧地跟随着她。

詹妮弗·康纳利的事例显然与此截然相反。而在我们的生活中，也有不少这样的例子。

中国人说话、做事向来讲究含蓄，但如果你含蓄得过了，就会让人觉得你扭捏，不够大气。比如，轮到你发表意见和感想，你却唯唯诺诺，小声小气，这样的女性是没有魅力可言的，因为你周身散发的都是不自信的磁场。

不管什么时候，想得到别人的赏识，获得更好的机会，就要善于用口才表现最好的自己。

刚从管理系毕业的研究生小苏，按照约定的时间到一家业界很有名的公司去面试。

面试官刚好是这家企业的总经理，他见多识广，根本没有把初出茅庐的小苏放在眼里，没说两句，就以不容商量的口吻说："我们这里没有适合你的职位。"

小苏不是那种怯懦的女生，没有知难而退，而是话锋一转，柔中带刚地反问那位总经理："您的意思是，贵公司人才济济，不需要更多的人就可以在商场中立于不败之地？即使那些人真有才能，也不给予机会？"

总经理有些惊讶，沉默了片刻后，说："那你跟我谈谈你的想法和计划，不要客气。"

小苏见总经理的态度温和了些，便知还有机会，于是落落大方地把自己的想法陈述出来。

总经理一边听，一边频频点头。而后，他改口道："你明天就来上班吧，希望你能一直保持自己的立场和这份热情，也期待你在公司里干出好的业绩。"

在某些场合，沉默不语是一种谦逊的美德，但在需要展示自己的时候，就要冷静大方地说出自己的想法，让别人认识自己、了解自己。如果总是害羞、做作、说话扭捏，则会给人一种不自信甚至是不礼貌的感觉。

这是女性说话最大的忌讳之一。

想要用口才凸显自己的能力和魅力，克服害羞、扭捏的习惯，一定要注意以下几点：

一、培养自信心

不少女性在公众场合不敢开口讲话，原因就是缺乏自信，总觉得别人的想法比自己的好，别人的话比自己高出一筹。长期这样唯唯诺诺，就很难再在人前开口讲话了。

所以，想表现出自己大方得体，就必须战胜内心的胆怯，大胆地说出自己的想法——只要你说得合理，那你就是对的。别忘了，自信的女人永远是美丽的。

二、加强内在修养

能够在公众场合发表自己的言论，赢得众人的称赞和认可，靠的不是多么华丽的语言，而是本身的能力和内在的学识、修养。只有不断地提高自身的素养，才能在该说话的时候有话可说，并且能说到点子上——那些哗众取宠的方式，向来都不为人所喜欢。

三、打破传统观念

很多女人受传统观念的影响，总觉得自己就要娴静，不能过分张扬。然而，在这个平等、开放的时代里，女人的社会地位已经逐渐与男人相当，因为她们同样肩负着各方面的责任。

所以，积极地表达自己的心声，去做自己想要做的事，这是女人的权利——只有敢于打破传统，踊跃地参与交际，才能得到更多的机会。

做一个会表达的女人

人人都爱说"我",却从不注意"我们"

也许你已经注意到了,下面这样的事总是不停地出现在我们身边,甚至发生在我们身上。由此及彼地想象一下:这些女人受人欢迎吗?生活过得幸福吗?

张女士是公司主管,经常负责召开公司员工会议。每次开会时,她总是非常积极,先认真分析公司的各种情况,然后说,她这个月的目标是多少,准备如何克服困难……

她讲完后,会征求经理、员工的意见,可没有一人出声。过了好一会儿,才有人没头没脑地说了一句:"领导怎么说,我就怎么干!"

在人际关系中,应该多说"我们",而不是"我"。

从某种意义上讲,人最关心的首先是自己。纽约电话公司曾经进行过一次电话对话调查,看看人们最常用的是哪一个字,调查结果显示,用得最多的正是"我"字——在调查的500个电话对话中,"我"这个字被使用高达3900次。

人人都爱说"我"，可别人对"我"却不感兴趣。

《福布斯》刊登过《良好人际关系的一剂药方》这篇文章，指出人际关系中最重要的一个词是"你"，而次要的一个词恰是"我"。

亨利·福特二世更是直接警告世人："一个满嘴'我'的人，一个独占'我'字，随时随地说'我'的人，是一个不受欢迎的人。"

在人际交往中，"我"字讲得太多，势必给人突出自我、自我标榜的印象。这样就会无形中筑起一道防线，阻碍你与别人的沟通，影响别人对你的认同。换句话说，经常说"我"的人，总是把自己当成人际关系中的主角，他人相应地就变成了配角。

人与人交往，平等是基础，如果一个人总是主角，另一个人总是配角，不仅自己感到累，也会令对方产生不满。久而久之，对方如果得不到应有的尊重和满足感，就会产生厌恶情绪，从而终结这种关系。

所以，既然人人都最关心自己，都把自己当作生活的主角，为何不投其所好？

当你想到"我"时，你的配偶也想到了"我"；当你想到"我"时，你的同事、朋友也想到了"我"。这时，把共同的"我"变成"我们"，范围扩大了，每个人都包括在内——你们面对着同一问题，自然会赢得他人的理解与支持。

多说"我们",会迅速拉近彼此的距离,让对方接受自己说的话。

一个女孩准备参加选美比赛,她很想找个同伴一起去,就对朋友说:"我想去参加选美比赛,你陪我去好吗?"

朋友摇摇头:"我还有事,你自己去吧。"

女孩找到另一个朋友,换了个说法:"选美比赛快开始了,我们一起去参加吧。"朋友听了,满脸兴奋地说:"真的吗?我也有资格去吗?太谢谢你来邀请我了。"

由此可见,"我"和"我们"之间的区别很明显。而且,第二个朋友不仅高兴地和她一起参加比赛了,两人之间的关系还会更深一层。

说"我们",还有利于增进人际交往的气氛,建立和谐的人际关系。现在,很多团队为了鼓舞士气,会举行这样一项活动:大家围成半圈,彼此把手臂搭在对方肩膀上,让所有人手臂相连。然后,大家跟着团队领导一起喊:"我们是一个人,我们是一个人!"随着喊声的节奏,大家一起下蹲、站起……

这个活动会让每个人的心胸开阔,相互融合,形成超我的工作氛围。

也许女性觉得说"我们"并不容易,因为多年来她们习惯了说"我"。改掉习惯确实很难,就如前面提到的张女士,她说:"'我'这个字已经陪伴了我许多年,我从没想过它会影响人际交往。"

但是,不管改掉这个习惯有多难,你都要明白,"我们"是改善人际关系以及促进生活幸福的必需。上述例子都告诉我们,说话的时候多用"我们",多站在对方的角度去看问题,才可能说服对方,让对方接受你。

除了说话以外,我们还要学会与人分享。如此,你不仅会收获幸福,还会将幸福传递给更多的人。

第二章
第一印象：难以忘记初见你时一副迷人的表情

> 良好的自我介绍，能让人感受到你的魅力
> 礼貌映衬出一个女人的优雅
> 找到共同话题，让人对你一见如故
> 让名字飘荡在记忆的天空
> 学些"客套话"，做个有修养的女子

良好的自我介绍，能让人感受到你的魅力

自我介绍是每个人在交际中一定会经历的事，尤其是女人，如果自我介绍做好了，会让你成为全场的焦点，展示出你的魅力。

自我介绍是日常交际中与陌生人建立关系、展开交往的一种非常重要的手段。自我介绍的好坏，直接影响你留给对方的第一印象，以及以后是否能继续和对方交往。可以说，自我介绍在交际中起着敲门砖的作用。

女士做好自我介绍很重要，而且一定要经过精心设计才好。

张洁和杨妮都是刚毕业的大学生，她们同时应聘一家外资公司董事长助理的职位。她们学的是英语专业，学习成绩都很优秀。

人事部经理看了简历以后，觉得她俩的实力难分伯仲，很是纠结，不知该如何取舍。最终，人事部经理打算通过面试来做出决定。

在面试前，张洁很自信，觉得以自己的能力和相貌一定能赢得这个职位，所以没做什么准备。她认为，面试无非就是把个人简历再简略地重述一遍。

而一向谦虚、谨慎的杨妮，对将要来临的面试进行了一定的分析。她认为，要在简短的时间内把自己的能力展现出来才是最重要的。于是，她对自我介绍所需要用的语言进行了一番精心设计和安排。

几天后，公司通知两人来面试。考官让她们分别做一下自我介绍。

张洁说："我是山东人，今年24岁。父母均是大学教授。我刚从××大学毕业，所学专业是英语。我爱好音乐和旅游，性格开朗，做事一丝不苟，很希望到贵公司工作。"

杨妮介绍说："关于我的情况，简历上都介绍得比较详细了。在这里，我强调两点：首先，我的英语口语不错，曾利用业余时间在涉外酒店做过专职翻译；再者，我的文笔较好，曾在报刊上发表过许多篇文章。如果允许的话，我可以拿给您看。"

最后，人事部经理录用了杨妮。

当到新的单位去应聘时，求职者最先被问到的问题往往是："请先做一下自我介绍吧。"

这个问题看似简单，但求职者一定要谨慎对待、精心准备，它是你最简单、最直接地描述自己的特点，展示自己综合水平的好时机——你若回答得好，会给对方留下一个好印象。

自我介绍是否成功，直接关系到下一步的交往，它会在对方的意识中先入为主地为你定位。所以，在短短几分钟的面试中，你必须用精练而富有特点的自我介绍获得对方的认可。

当你面临加入新团队，认识新朋友，接见新客户等交际时，不免要进行一次自我介绍，以便让对方认识你，从而打开你与对方交流的通道。最简单的自我介绍，无非就是向对方介绍自己的名字，但这并不足以打动对方，使其与你交往。

一般女士做自我介绍，平铺直叙，直白、空洞，没有特点。这样的结果是，你介绍完了自己，对方却一个字也没记住，你可能还会抱怨别人记性不好。实际上，是你的自我介绍不够吸引人，没有新意，或者给人的感觉是轻描淡写，不够真诚。

一段简短而精准的自我介绍，其实是你为了展开与对方更深入的交流而设的。所以，在交际时如何向陌生人做自我介绍，以及自我介绍的内容和方式是否能引人注目，是让对方认识并认可你的最重要的手段。

自我介绍是大家在交际中相互认识的开端，也是求职面试的第一个并且很重要的环节。它是毛遂自荐的敲门砖，这块砖要是运用得好，可以打开与他人交往的门，是你和别人建立良好关系的开端。更重要的是，它可以使你在交友、就业、商业合作等诸多交际中畅通无阻。

如果这块敲门砖运用得不好，那么，你的一切才能都将无法向他人展示。

在交际中，把握住自我介绍的时间很关键。如果你的自我介绍时间过长，会使对方失去耐心，甚至产生反感。

合理的自我介绍时间，一般为三分钟左右，有时候仅需一分钟就足够了。因为，有的人很珍惜自己的时间，只给你一分钟的自我介绍时间。

晓萌平常很健谈，口才极佳。研究生毕业后，她没有找到合适的工作，就去了亲戚家的公司做销售。这家公司主营铝合金门窗。干销售，需要自我介绍，她认为完全是小菜一碟。所以，她从来不做准备，通常是见什么人说什么话。

有一次，晓萌去跟一家大型房地产公司的总裁洽谈业务。去之前，晓萌没有做任何准备，她觉得凭自己的口才、实力，做个自我介绍，洽谈个业务，绝对不是问题。

见到房地产公司的总裁后，晓萌就开始东一句、西一句地做自我介绍，一点也不简明扼要。然后，她又开始大谈特谈自己对房地产未来走向的看法。她说完这一方面，又扯那一方面。虽然她把自己的才学炫耀得天花乱坠,却一点也没有谈到关键问题。

总裁为了表示尊重,很耐心地听完了她严重跑题的自我介绍。最后,总裁微笑着说:"这位女士,请把您的名片拿走吧,我还有别的事要忙。"

最终,晓萌因为自我介绍的失败,没有谈成这笔业务。

好的自我介绍,需要注意哪些方面呢?

1. 进行自我介绍一定要简洁明了,尽可能充分利用极短的时间完成。

2. 自我介绍要选择在适当的时间进行,最好在对方有兴致、有时间、情绪好的时候。

3. 自我介绍一定要紧扣主题,可以根据不同的交际场景做出侧重点的调整,但切记不要跑题、偏题。

4. 做自我介绍时要有友好、自然的态度,在整体形象上要亲切、大方,面带笑容,语气平和,语速平缓,语音清楚,充满自信。

5. 自我介绍时要敢于与对方对视,要显得大方得体,从容淡定。自我介绍的内容一定要符合你的真实情况,不能夸大其词。

6. 自我介绍必须精心设计、认真准备,不要轻视它时间简短的特点。

自我介绍，是你与对方进行语言交流时留给对方的第一印象，它会直接影响后面的人际关系的发展。因此，一定要认真对待，多加准备。另外，把自我介绍写成文字稿，征求家人或朋友的意见也是很有必要的。

7. 自我介绍尽量不要文言化、书面化，而一定要口语化，让人听起来容易理解。

8. 自我介绍一定要有自己的特色，也就是新意，不要流于形式。要清楚自己的优势与劣势，抓住自己的长处，找到最恰当的定位再进行语言包装。

好的自我介绍，是女人对自己完美形象的"语言设计"。

礼貌映衬出一个女人的优雅

俗话说："礼仪是打动陌生人的第一要素。"要想给他人留下好印象，就必须注重礼仪。一个人的礼貌是反映他内心世界的镜子，懂礼仪的人，内心世界通常也更温和，更容易得到他人的喜欢。

每个女孩子自小都会被父母告诫："作为一个女孩子，待人一定要有礼貌，要当个淑女。"自古也有这样的说法：

第二章 第一印象：难以忘记初见你时一副迷人的表情

"淑，善也。逑，匹也。言后妃有关雎之德，是幽闲贞专之善女，宜为君子之好匹。"

当然了，我们今天所提倡的是保留了传统美德基础，又不失现代社会文明的淑女。然而，无论时代怎样变迁，关于淑女的一个重要标准是不会变的，那就是要有良好的素质和修养。

一般而言，一个具有优雅气质、谈吐不凡的女人总是受欢迎的。在交际中，你所表现出的外在行为举止就是你留给别人的大部分印象。如果一个女人缺乏基本礼貌，别人怎么会相信你、尊重你呢？

菲菲是一家外资公司的客服人员，她长得非常漂亮，总能给人眼前一亮的感觉。她的学历和能力在公司里也是一流的，但由于她是独生女，从小养成的一些习惯很不好，所以进入公司两年多了，还只是一名普通员工。

得不到升迁，这让菲菲甚是苦恼。她也明白是自己的言行举止拖了后腿，可要想改掉毛病却又如此之难。比如：

开会的时候，菲菲总会有意无意地趴在桌子上，这让在座的领导和同事都对她冷眼相看；与同事聚餐时，她会不时拿出小镜子和木梳子来梳理头发，甚至还会让几丝乱发不听话地飘到餐桌上，这让其他人甚是厌烦；最要命的是，也许是她对自己的外表过于自信，以致走路的时候总是喜欢扭屁股,看着非常另类。

菲菲还有许多类似的坏习惯。有时与客户相处时,她的这些不良习惯也会让客户不满,从而使公司形象受到影响。后来,她终于接到老总的警告,让她快点纠正自己的不良行为举止,否则就请她另谋高就。

菲菲不管在颜值上,还是在工作能力方面,都很优秀,可就是因为没有养成好习惯,不懂日常生活和工作中的礼仪,不但让她的职场生涯受挫,还让公司形象大受影响。

可见,得当的举止对女性来说是多么重要。

那么,如何才能做到举止得当呢?现实中,有的女性较为保守,直视对方的眼睛会害羞、胆怯,于是在与陌生人讲话时,眼睛总是东张西望而不注视对方。这样的做法是很不礼貌的。

如果你在讲话时眼睛东看西看,就是不看对方的眼睛,对方会认为你在敷衍他,你并不想将谈话继续下去。而对方在讲话时,你的眼神游离不定,左顾右盼,他可能会认为你对他的话不屑一顾。

这样的谈话,会让对方对你心生厌恶,从而不想与你有进一步的交往。如果让机会就这样悄悄地失去了,多么可惜呀!

心理学家说,在交际时,他人对你的评价也就取决于短短的几分钟之内,如果在这几分钟里你能给人留下知礼仪的印象,就等于你获得了对方的初步认可。

因此,我们的各种外在表现在社交中有着举足轻重的影响,如果没有得体又优雅的外在形象,就很难给他人留下好印象。

有些人对此也质疑,说注重外在礼仪是以貌取人。

事实并非如此。懂礼仪,是对他人的一种尊重,知礼、守礼才能保证正常的交际。很多有经验的社交高手,在交际时总是表现得知书达理,这是对他人的尊重,反过来也会得到他人的尊重。

是否懂礼仪,直接影响到人际关系的发展,决定了对方对你的印象。所以,女性朋友在与人交往时,一定要绷紧脑子里的弦,因为你的行为举止非常重要,千万不能不当回事。

那么,在交际中我们怎样才能维护好自己的形象,不失礼呢?

懂礼仪,要从以下几个方面着手:

一、在交际中一定要守时

这是对别人的基本尊重,也是自己内涵的展现。在正式场合,很多人都无法接受对方迟到——先不说双方关系怎样,迟到的人给他人的感觉就是态度有问题。

交际时,男士最好提前到达,女士正常到达就可以。如果你经常进行交际,就会理解这些礼节的重要性。

男士跟女士相亲认识后，这是他们的第一次约会。

"对不起，我迟到了。"男士说。

"没事，我也来没多久。"女士虽然这么说，但心里还是不舒服。

男士丝毫没有察觉，依然自顾自地说话，不知为什么，当时男士的话没有一句是女士爱听的。女士也很纳闷：之前对他的好感都去哪里了？

最后，两个人不欢而散，这场缘分也散了。

其实，女士越看男士越不顺眼，多半是因为心里对男士迟到的事有芥蒂，以致影响了接下来的交往。

二、专心跟对方交流，不能心不在焉

我们与他人交流时，如果对方心不在焉或者答非所问，我们肯定会很生气，因为这是对人的极不尊重。

因此，跟人对话时我们要注视对方的眼睛，面带微笑，并不时地点头，表示自己在听并且很感兴趣。在此期间，如果没有很重要的事，不要东张西望或频频看时间。

"不好意思，我不想跟你继续交谈下去了。"一位女士跟聊天的男士说了这样一句话后就扭头离开了，只剩下男士在原地尴尬不已。

这是因为，男士在跟那位女士进行商务会谈时，频频回女友的信息，女士觉得自己没有得到应有的尊重，所以生气地离开了。

在沟通时，专心、认真是对他人的基本尊重，也是大家应该必备的社交礼仪。如果因忽略这些细节而失礼于人，肯定会让自己的形象大大受损。

三、在谈话时要主动寻找话题，不要冷场

你是否碰到过在初次与人交往时感到无所适从，不知道该和对方聊些什么，两个人欲言又止、很是尴尬的状态？之所以会出现这种情况，很大原因是你没有找到合适的谈资。

那么，我们怎样做才能化解尴尬、打破僵局呢？

答案是：准备恰当的谈资。通常，对于初次见面的友人，我们都知之甚少，所以共同话题将会是你们最好的谈资。不过，在与人对话时还要注意以下问题，否则将会适得其反。

1. 沟通是两个人的事，你一言、我一语才能达到目的。如果你一直说话，不顾他人的感受，根本起不到交流的效果，而且也是失礼的表现。因此，我们要学会引导话题，进行双方面的沟通。

2. 在交谈过程中，不要过多地询问他人的隐私，要懂得适可而止。

有的人认为，跟对方聊得越深入，越能建立亲近的人际关系。其实不然，在涉及隐私问题时，一定要懂得避讳，尤其是第一次见面时，如果话题太过私人化，对方会感觉不舒服，甚至感觉你居心不良。

3.即使跟同性聊天，在第一次接触的情况下，类似年龄、健康、婚配等问题，也不要轻易过问，避免冒犯到他人。如果想知道，也要等到相熟之后再询问。

现代社会越来越注重礼仪，在社交中，它几乎成了一个人的明显标志。礼仪不仅是一个人修养、素质的体现，也是交际时的必要手段。因此，我们在与人交际时要注意规范自己的行为举止，不要因为失礼而影响了自己的形象。

一个懂礼仪的人，更能给大家留下深刻的好印象。

找到共同话题，让人对你一见如故

在参加聚会的时候，我们常常会碰见这样的女性，她们周身好似散发着一种神奇的魔力，让人不自觉地就想接近。

她也许并不漂亮，但能让你不自觉地对她敞开心扉——有人会把她当作知心姐姐，有人会把她视为知己，有人会和她交流一些专业领域的意见……总之，所有人对她都有种一见如故、相见恨晚之感。

一见如故，这是成功交际的理想境界。无论是谁，如果具有跟大多数初交者一见如故的能耐，他就会朋友遍天下，做事也会左右逢源。反之，如果缺乏跟初交者打交道的勇气，不善于跟陌生人交谈，那么，他就会在交际中处处受阻，事业也就难以成功。

对大多数在职场打拼的女性朋友来说，交际面越来越广，而一见如故的交际也就越来越显出其重要性了。那么，怎样才能跟初交者一见如故？

那就要从恰当的话题开始说起。与人交谈的话题能否给别人留下好印象是非常重要的，试想，如果你初次遇到一个女性朋友，她只是和你聊一些无聊的八卦话题，你会喜欢她吗？恐怕不大会吧。

曾有人做过一个类比：女人的社交圈以自己为圆点，以年龄、爱好、经历、知识等为半径，构成了无数个同心圆。与别人的共同点越多，交叉面积越大，越容易引起共鸣。

为此，在与他人沟通交流时，找到合适的切入点至关重要。切入得好，一切都会水到渠成；切入得不好，就可能从此产生隔阂。

每个人的心里都有一个柔软而温暖的角落，那里住着自己最亲近的人。一旦他发现你也在关心他所关心的人，他就会对你产生一种亲近感。所以，女人在说话时，不妨利用一下人们的这种心理，以对方最关心的人作为切入点，拉近彼此的关系。

一位女作家非常善于利用人们的亲近心，营造温馨的交际氛围。有一次，她在书店举办了一场研讨会，对自己的新书进行宣传推广。当时，主办方有一个穿戴整齐，看起来非常绅士的男子出来迎接她，表示问候。

女作家连忙走上前去，与那位男子友好地握手，并十分热情地说："您辛苦了！令尊身体还好吗？"那位男子顿时感动得说不出话来。

接下来，女作家的图书宣传和签售会进展得非常顺利。事后，她身边的助理不解地问："您认识他吗？"

女作家微微一笑，说："上个月我去医院看望朋友，正巧碰到他在病房照顾父亲。虽然只有一面之缘，但我看得出，他和父亲的感情很深厚。"

就是这样一句简单的问候，女作家迅速地在陌生男子心中建立起了亲情意识，让他觉得女作家是个值得信赖、非常亲和的人，从心理上对她产生了认同感。

生活中，女人如果遇到类似情况，也不妨试试这个办法，先聊一些题外话，淡化彼此的生疏感，再逐渐地引入正题，那样，效果远比直接谈论工作要好得多。

人都有自己的个性、棱角，但没关系，这并不影响日常交际——女人只要学会利用人的共性，将感动送至每个人心底最柔软的角落，那么，不管对方是谁，都会对你产生亲近感。

让名字飘荡在记忆的天空

每个女人都希望在与人交往时，能给对方留下深刻而美好的印象，希望对方能够记住自己，以后不管在什么地方遇到，对方都能第一时间叫出自己的名字。

但是，女人都希望对方记得自己的名字，可在与人交往时，是否认真记下了对方的名字呢？

戴尔·卡耐基说："一种既简单又最重要的获取好感的方法，就是牢记别人的姓名。"这就是名字暗示的特殊魔力：无论对于谁，传递给他最甜美、最重要的声音，都是他的名字。

记住对方的名字，胜过对一个人最真诚的赞美，是获得对方好感的最简单、最重要的一个方法。

在这方面，拿破仑给我们做了很好的榜样。

拿破仑经常询问士兵的家庭情况，并且他能够准确地叫出每一个下属的名字。他喜欢在军营中和军士们交流，因为这样可以增进他与下属之间的感情。

拿破仑的这种做法让他的下属感到意外：他们做什么，他们的将军竟然都知道。这种做法，让每个军官都感到自己有种被重视的感觉，也使他们对拿破仑忠心耿耿，甘愿为其效劳。

拿破仑的做法是值得大家学习的，因为每个人最敏感的莫过于自己的名字。

一般而言，如果你能准确地说出对方的名字，就更能拉近彼此之间的距离。记住对方的名字，无疑也是对对方的一种尊重。可以说，这是一种最简单的感情投资方式，能为你与对方今后的交往打下良好的基础。

王思有一项值得骄傲的本领，就是只要是打过招呼，彼此做了介绍的人，她就都能记住对方的名字，第二次见面的时候绝对不会忘记。她有记名字的技巧，其实并不复杂。

如果是初次见面，对方介绍自己的姓名不是很清楚的时候，王思就会说："抱歉，麻烦您再说一次，我没听清楚。"如果碰到别人的姓名里有生僻字的时候，她就会问："这个字怎么读?"

在谈话过程中,她又会把对方的名字重复说几遍,并且试着在心中把它跟对方的容貌特征、表情联系在一起。有时候她回家后,甚至会把对方的名字写在纸上仔细看,并在心里默默诵念,以加深记忆。

就这样,名字在她心中就留下了深深的印象。

虽然记住别人的名字看似小事一桩,但能记得别人的名字并准确地说出来,能体现出别人在你心目中的重量。这不仅能展示出你的修养,还有利于拉近你与别人的距离,实现双赢。

在现实生活中,我们经常会遇到类似这样的情况:觉得对方眼熟,就是想不起他的名字;或者是把别人的名字错加给对方,使自己陷入尴尬的境地。如此一来,你也给对方留下了不好的印象。

记住别人的名字,是一种拉近彼此感情,增进沟通的重要手段。你要想拥有好人缘,必须善于记住别人的名字。

学些"客套话",做个有修养的女子

如果你足够细心,定能从生活中发现一个规律:那些人缘比较好,走到哪儿都受欢迎的人,特别会说"客套话"。别小看客套话,它其实是一种语言艺术,包含着客气、谦卑、热情,也显示着对人的尊重。

但凡有教养的家庭,大人在教育孩子的时候都会嘱咐一句,"见了人要打招呼",借用别人的东西要说"谢谢",不小心撞到了人家要说"对不起"……实际上,这些最基本的礼貌用语都可以归为客套话,它们体现的是一个人良好的修养。

然而,有些女人本身素养不错,也很善解人意,可就是输在不会说话上,尤其是不会说客套话——遇见事情的时候总是不知该说什么,或是不好意思开口。结果,明明是一片真心,到最后却无人懂,甚至被误解成冷漠。

长期从事技术员工作的赵女士,平日都在实验室里忙碌,加之性格内向,她很少会在人前说一些暖心的话——即

第二章 第一印象：难以忘记初见你时一副迷人的表情

便在亲近的人面前也是如此。

有一次，她去看望刚做完手术的好友，见对方躺在病床上一脸虚弱的样子，她没有说一句话，只是握着对方的手。她之所以没开口，是因为当时顾虑太多：说客套话吧，自己不太会，也表达不了真实的心情。但不说话吧，又有点尴尬。

所幸，她来的时候带了一束花、一些礼物，不至于显得那么别扭。坐了一会儿后，她就离开了医院，但心里还是觉得很别扭。

朋友知道赵女士的性格一向如此，也没责备她。毕竟，这样的沉默比虚情假意的关心要诚实许多。

可话又说回来，赵女士平日里接触的不一定都是了解她的人，她不懂得表达自己的心意，甚至连一句普通的客套话都说不出口，终究还是让人觉得有点"不会办事"，比如看望病人时，至少没有达到理想中安慰病人的效果。

人在生病的时候，情绪往往不稳定，焦虑、沮丧、悲观时常来叨扰内心，惹人胡思乱想。况且，医院的环境比较封闭，四周全是单调的白色，时而还可能听到邻床病友的一些"坏消息"，令人惴惴不安。

因此，为了缓解病人的压力，让病人放下心理包袱，在探望病人时说几句充满真情和祝愿的客套话，是必不可少的。

在大学任教的孙教授，体检时查出患有乳腺癌，近期在医院做了手术。术后的几天里，不少亲朋好友都来看望她。

同事L一进病房就微笑着坐到床边，握着孙教授的手说："我听说你得了点小病，这几天学校的事情特别多，拖到现在才来看你。"

听对方说自己得的是"小病"，孙教授刚刚还阴郁的脸顿时露出一丝喜悦。

L连忙又说："我看你的气色还不错。像咱们这个年纪的女人，得这种病的还真是不少。去年，我家的邻居也得了同样的病，做了手术后回去养了一个月就好了，一点事都没有。"

孙教授本来对自己的病还有点担心，听L这样一说，心里舒服多了。

L看到孙教授的床头放着一本书，随手翻了翻，感叹道："我真羡慕你呀，还能在这里看看书。有时候，我都想到医院里来'躲'上几天，抽空看看书，写点东西。现在，每天家里家外忙得我一点闲工夫都没有。"

孙教授的女儿在一旁听着，不由得笑了，心想：这个阿姨真是会说话，难怪母亲平日里老念叨跟她聊得来呢！

临别时，L告诉孙教授一件事："顺便告诉你一下，我爱人他们单位发了两张话剧票，恰好是一个月之后的，到时候咱们一起去看。你好好养着,我过些天再到家里去看你。"

L走了,可她说的这些话却像阳光一样,让孙教授心里暖暖的。

客套不是虚伪,是礼貌和尊重。无论生活还是工作,都需要语言作为纽带,所以会说客套话的女人,处理人际关系总能游刃有余——不但她们说的话让人喜欢听、愿意听,而且提出的意见或建议也更容易被人接受。

不会说客套话的女人,办起事来就略显尴尬了,可能会造成不必要的误解,导致出现人际关系障碍,时间一长,就会给人留下不好接触、不会处世的印象。

说起客套话来,要给人言必由衷的感觉,字字句句透出真诚,而不能让人觉得是虚情假意的恭维。有时,客套除了用语言以外,还可以借助眼神、手势,总之要透出礼节和真意。

日本松下电器公司的创始人松下幸之助,就是一个很会运用客套话的人。他在交代下属去做一件事的时候,总忘不了要说一句"这件事拜托你了";遇到员工时,也会鞠躬说"辛苦了"之类的客套话;有时还会亲自给员工倒一杯茶,送一件小礼物。因而,员工们对他也非常尊重,乐意为之效劳。

下面,我们来看一些常用的客套话,这些话无论是在工作中还是生活中,无论是和陌生人还是熟人交谈,都应该常说。

初次见面说"久仰",好久不见说"久违"。

请人评论说"指教",求人原谅说"包涵"。

求人帮忙说"劳驾",求给方便说"借光"。

麻烦别人说"打扰",向人祝贺说"恭喜"。

请人改稿说"斧正",请人指点用"赐教"。

求人解答用"请问",赞人见解用"高见"。

看望别人用"拜访",求人办事用"拜托"。

宾客来到用"光临",送客出门说"慢走"。

招待远客用"洗尘",陪伴朋友用"奉陪"。

请人勿送用"留步",欢迎购买叫"光顾"。

与客作别用"再见",归还物品叫"奉还"。

概括起来,想让别人怎样对你,你就要怎样对别人。客套话看似平常,却可以把人际关系引入良好的互动中,像柔风一样暖人心窝。

第三章
巧言妙语：幽默让女人更加绚丽多姿

> 幽默的女人，嘴巴里有一个精彩的世界
> 幽默感，让女人成为璀璨的明珠
> 有了幽默感，走到哪里都不尴尬
> 做聪敏女人，成为一个幽默的艺术家
> 风趣地劝解，用笑声抹平痛苦的创伤
> 化解尴尬，哪能少得了幽默这款调味剂
> 替他人解围，幽默是最有效的法宝
> 幽默的自我介绍，让你在面试中脱颖而出

幽默的女人，嘴巴里有一个精彩的世界

如果一个女人懂得幽默，那么，虽然她不一定美丽，但一定是善解人意、充满智慧的，是一个受人欢迎的优雅女人。这种女人热爱生活，懂得利用自己擅长的方式应对各种困境，懂得用微笑来使自己放松，懂得用智慧让自己变得更有魅力。

有人说：一个不懂得幽默的女人，就好像没有香味的鲜花，没有神，只有形。或许外表光鲜，但总是让人觉得缺少魅力。

我们可以将幽默风趣的语言风格，视为一个人内在气质在语言运用当中的外化。在与他人进行交流沟通的过程中，幽默可以起到很好的作用。比如，幽默可以激发对方的愉悦感，使对方感觉轻松、愉快、舒畅。在这种轻松、活跃的气氛当中，大家可以更好地进行感情交流，之前因为各种原因而造成的隔阂也会消失得无影无踪——大家在欢声笑语中拉近了心灵的距离。

有一次周末，小周要加班，只好带着儿子来到公司。那孩子特别调皮，一来到办公室就玩上了电脑，没想到，只几分钟的工夫，他就把电脑的鼠标摔坏了。

小周十分生气，抬手就给了孩子一巴掌，那声音听上去很响。

这时，张姐噌地跳起来，指着小周的鼻子大喊："你干吗打孩子？你的手怎么这么欠呢？"

听到这大嗓门，办公室的人都蒙了，小周这个愣头青更是气得不行了。

这时，张姐又指着孩子不依不饶地说："你知道这一巴掌起什么作用了吗？这孩子原本可以当大学教授，就你这一巴掌，把个好端端的大学教授打没了。"

听了张姐的话，周围的同事都哈哈大笑起来。

小周也乐了，说道："大学教授？他有那个脑袋，太阳就会打西边出来了。张姐，你可真会说话。"

事后，张姐对同事小李说："我是见不得打孩子，但话一出口就觉得冒失了，可又不好意思把话收回去，于是就来了个脑筋急转弯。"

在这个案例中，如果张姐当时只说了前面那句话，那小周肯定会气得吵起架来，毕竟着急的张姐确实说了一句冒失的话。

不过，好在幽默的张姐急中生智，说出了后面那句话，不仅化解了难堪，而且使办公室重新回到了和谐状态——这对于提高工作效率自然也是很有帮助的。

擅长理解幽默的女人，更容易让人喜欢；擅长表达幽默的女人，更容易令人欣赏。

懂得幽默的人，很容易与别人保持和谐的人际关系。在生活中，经常会出现一些让人解决不了的问题。这个时候，倘若适当地来一点幽默，反而能化干戈为玉帛，顺利地将事情解决。

另外，幽默还可以很好地显示一个人的自信，增强一个人在交际中取得成功的信心。要知道，有的时候，与能力相比，信心显得更加重要。

面对生活，有些人很容易失去自信，放弃自己的奋斗目标。倘若能够用幽默的态度来对待挫折与磨难，那么，人往往能重新振作起来。

女人在使用幽默这一交际手段的时候，一定要让自己的表情显得自然、轻松，唯有如此，才可以使你身边的每一个人都被幽默的气息所感染。要知道，一个看起来满脸愁容或者表情抑郁的女人，是不可能将幽默的真正魅力发挥出来的。

幽默能给人带来无穷的乐趣，因此，学会并熟练地运用幽默，可以让女人的社交生活变得更加丰富、快乐。

在这里，女人需要特别注意的是，幽默不是不懂分寸的耍嘴皮子。幽默应当合乎人情、人理，在引人发笑的同时也要给人以启迪。当然了，要想做到这一点，女人需要具备一定的素质与修养。

幽默的形式多种多样，从它的功能、效果方面来说，包括哲理式幽默、愉悦式幽默、解嘲式幽默以及讥讽式幽默等。

为了实现幽默在礼仪中的效果，女人在对待朋友、同事的时候，应该多使用愉悦式幽默与哲理式幽默；在对待自己或者朋友的时候，可以依据具体情况适当地使用解嘲式幽默；在对待恶人的时候，则可以多使用讽刺性幽默，从而达到在利用幽默讥讽与鞭挞对方的同时，愉悦身边的人。

幽默、风趣的谈吐，可以看作是一个女人的思想境界以及心灵感悟在语言运用过程中的结晶。究其作用，主要体现在以下几个方面：

一、营造轻松的氛围

在公共场所或者家里，如果出现了一种令人窘迫、尴尬的场面，那么，你可以利用超然、洒脱的幽默让这种局面在大家的欢声笑语中消失。

二、让人转败为胜

幽默是一个人的智慧和知识的综合运用。当一个女人在社交中处于非常尴尬的境地，抑或正遭受他人刁难的时候，幽默能够帮助她化险为夷，转败为胜。

三、高尚的情操与达观的人生态度

有人这样评价幽默:"幽默属于乐观者,属于生活中的强者。"

的确如此。幽默的谈吐,是以说话者拥有健康的思想与高尚的情趣作为基础的。一个心胸异常狭窄,思想非常颓废的人,不可能成为幽默的人。同样,这样的人也不会具有幽默感。

只有那些乐观自信、情操高尚的人,才会在遇到不如意的事情时,泰然处之,幽默待之。

四、良好的文化素养与表达能力

一个人幽默的谈吐,与其自身的聪明才智有着非常密切的联系。所以,如果你想要成为一个幽默的人,那么,就应当具有良好的素养以及丰富的文化知识。

倘若一个人了解古今中外、天南地北的各种历史典故以及风土人情等,再加上有较强的表达能力,那么,他必然可以成为幽默的人。

纵观古今中外,那些有名的幽默大师绝大多数都是语言大师。

幽默不等于矫揉造作,而是非常自然地流露。正所谓:"我本无心说笑话,谁知笑话逼人来。"然而,作为一个女人,如果想要培养幽默感,那么,就必须先培养与提高自己的幽默心理能力。因此,一定要注意下面几点:

一、要对生活进行仔细观察

如果你想要有幽默感的话，那么，你就必须先观察生活。而且，在对生活进行观察，寻找喜剧素材的时候，一定要认真、仔细，并且要学会变换角度去发掘与表现想要的素材。

二、要认真学习幽默的技巧

幽默并不是一个人天生就有的，而是通过后天的学习而得来的。很多关于幽默的书以及前人的经验，都可以为我们提供很好的范例，值得我们认真研究、借鉴，为己所用。

三、要敢于表达幽默

一个人幽默的能力，只有在其表达幽默的时候才能够得到检验与提高。如果你想要成为一个幽默的人，那么就必须积极主动地去实践。因此，当你学习了一段时间后，可以选择一个适当的场合，针对一个恰当的对象，来表现自己的幽默技巧。

幽默感，让女人成为璀璨的明珠

幽默的语言，往往能"四两拨千斤"，取得举重若轻的效果。尤其对于女人来说，幽默的语言表达更具吸引力。

在交际过程中,当你看穿了别人的想法但又不便直说的时候,不妨使用幽默的语言,相信这肯定能达到预期的交际效果。

幽默的语言表达是女人取得社交成功的捷径,也是一种赢得他人好感的方法。这能够帮助你与他人建立和谐、融洽的关系,赢得他人的支持与欣赏。

在生活中,一个女人无论从事什么工作,无论身处何种地位,都免不了要与人交往。而幽默的语言则是交往中的一把金钥匙,不仅能帮助女性更好地与他人进行有效沟通,还能大大地提升她们的形象魅力。

有人说:"幽默是一种人生态度。"幽默的语言能使紧张的气氛顿时变得轻松活泼,能让他人感到你的善意,这样,表达观点更容易被对方接受。

在日常生活中,幽默的语言无处不在,它是人际交往的润滑剂。在文艺晚会上,相声、小品之所以一直是观众喜闻乐见的节目,就在于它们的表现形式离不开幽默的语言,那种风格能强烈地感染每一位观众。

幽默本身就具有一种特性,一种令人愉悦的特性,女人一旦具备了这种特性,就会变成最受欢迎的女人。

索菲利亚是一名著名的喜剧演员,一次她在用午餐的时候,一位老妇人走到她的餐桌旁,莫名其妙地用手摸了摸她的脸庞，然后带着歉意说："我看不出它有多好。"

索菲利亚马上风趣地说："省省你的祝福吧！我看起来也没多好看。"

索菲利亚用幽默的表达，打破了双方的尴尬局面。

聪明的女人要想在交际场合给人留下一个好印象，就得善于运用幽默的语言——无论处于什么样的交际场合，幽默的语言都是我们用心才能积累的。

你要明白，一个面带怒容或神色抑郁的女人，永远不会比一个面带笑容、说话风趣的人更受欢迎。

一句得体、俏皮的话，会立即缩短你和对方之间的心灵距离，并获得对方的好感；几句应付难题的机智回答，会让自己摆脱困境并展示美好的自我形象，获得对方的赞美。

一次，小提琴家陈女士在加拿大的温哥华举行一场小型演奏会，结果发现到场的观众不足四成。这让她既失望又尴尬，但她并未因此取消演奏会，而是以幽默的语言打破了僵局。

陈女士微笑着走上舞台，对观众说："虽然我第一次来到这座城市，但我想这个城市的人一定很有钱，因为我看了座位的分布情况，估计你们每个人都买了好几张票。"

话音一落，大厅里立即充满了笑声。

这位陈女士的幽默就在于,她对空座位的解释很巧妙。如此幽默的语言表达,扫除掉了她对观众如此少而产生的沮丧。

有时候,说话自我讽刺一些,风趣意味就会强一些。在日常交际中,我们可以根据场景来发挥幽默语言的表达技巧。

戏谑是一种无攻击性的语言表达技巧,开个机智、哲理性的玩笑,目的就是为了增加对方对你的亲切感。

一个女人可以不漂亮,可以不可爱,可以不时尚,但必须懂得幽默。如此,你才能更好地展现自我,才能进入更多人的视野中,被更多的人所熟知、所欣赏。

幽默的语言是一个女人无形的吸引力,与这样的女人交谈,无论多久,你都不会厌倦,因为你会在交谈过程中感受到身心的愉悦。

有了幽默感,走到哪里都不尴尬

在生活中,人们的社交活动已经扩展到了很多场合。甚至可以说，在一定程度上，凡是有人生活的地方就有社交活动。同样，凡有社交活动的地方，就少不了幽默。尤其是女性，如果在社交活动中能够时不时地展现一下小幽默，会让你显得更加多姿多彩。

从社交礼仪的角度来看，幽默的运用不仅会令人产生许多温馨的感觉，还能给人留下较为深刻的印象。

一位先生去拜访一位女作家，女作家不想见他，于是保姆对那位先生说："不好意思，我家主人要我告诉你，她不在家。"

那位先生就说："没什么，你告诉她，我并没有来过就可以了！"

故事里，这位先生和女作家都采用了一种幽默的处理法，以善意的话语说出了自己的心情。可以想象，当双方都听完对方幽默的话语后，也许会忍不住看看对方到底是个什么样的人。

现实中，大多数女性的生活状态不同，所以生活态度都不一样。形形色色的人走在各自不同的道路上，形成了各自不同的人生观、价值观。应该提醒大家的是，要想潇洒地面对人生，就少不了幽默，这对任何女人来说都不例外。

一天，居里夫人的一位朋友来到她家，忽然发现她的小女儿正在玩英国皇家学会刚刚发给她的一枚金质奖章。

朋友忙问居里夫人："现在您能够得到一枚英国皇家学会的奖章，这可是很高的荣誉，怎么能让孩子玩呀？"

居里夫人笑着说："我是想让孩子从小就懂得，荣誉就像玩具，只能玩玩罢了，绝不能永远守着它，否则就会一事无成。"

有人说，幽默是一种艺术，是用来增进你和他人的关系，并且改善你对自己真诚评价的一种艺术。在现实生活当中，赞扬需要幽默，而指责更需要幽默，因为幽默能使指责表示出善意。

如果双方的意见发生了分歧，其中一方的当事人用幽默的语言来暗示、责备，即使是调侃式的、半宽容的幽默语言，也能正确无误地表达出自己的责备之意，并达到不至于伤害对方的目的。

这说明，用幽默的方式把意见传达给对方之后，对对方产生的作用并不完全在于这是些什么话语，而在很大程度上展示了你给对方的是一种什么样的感觉。

在社交场合，用这种幽默讲讲笑话是可以的，但也要视具体的环境、对象与氛围而定，注意把握分寸，采取适当的形式来表达出合适的幽默来，才能收到好的效果。

其实，在现实生活中，有些事会令人无所适从，通过一般方法也是难以解决的。此时，人们往往会采用幽默的方式，将自己所有的不满与不快都包含在这幽默的话语中。

另外，幽默往往能使说者远远地胜出听者。真正的幽默高手应具有这样一种自制力——他可以在最恰当的时机给对手以沉重的语言打击，而不是仅仅选择一时冲动、简单、急躁或未经深思熟虑的异常行为以及愤怒、生气等。

用幽默还可以回答疑难问题，化解困境，捍卫自己的尊严，维护自己的利益，而又不伤害对方的面子——这是其他方法难以媲美的。

所以说，幽默是社交成功的法宝之一。女性朋友可以充分发挥自己的聪明才智，巧妙地运用幽默的力量，通过成功的社交走上成功之路。

做聪敏女人，成为一个幽默的艺术家

幽默能让大家感到轻松、愉快，而善于运用幽默的女人更会受人喜爱。

在与人相处的过程中，幽默要得体，要让对方体会到你是在明确地示好，而不是完全相反——让人感觉到你的低级趣味。如果运用得好，友善的幽默会在第一时间营造出令人愉悦的交际氛围。

每天早上的上班高峰期，公交车里都很拥挤，几乎是人贴人，但大家为了上班不迟到，都不得不忍受这种"亲密接触"。

张蕾个子不高，此时被挤得受不了了，又看见身边的人也都眉头紧锁，于是计上心来，喊道："喂，朋友们，大家都吸一口气，缩小些体积，我快被挤成相片了！"

大家都被挤得愁眉苦脸，甚至有火也不能发作，但听到此话后都忍不住露出了笑容，有的人还扑哧笑出了声。自然，张蕾身边的人主动为她挪了一点地方，让她缓解了被挤的痛苦。

张蕾不但用幽默的语言达到了自己的目的，还让大家心情愉悦了。

在人际交往中，我们轻松、幽默地开个友善的玩笑，可以松弛神经，活跃气氛，营造出适于交际的氛围。因而，幽默的人常常会受到人们的欢迎与喜爱。

某百货公司大减价，购物的人又推又挤，每个人都憋了一肚子的火，用"一点就着"来形容也不为过。

一位中年女士愤愤地对收银小姐说："幸好我没打算在你们这儿买'礼貌'，在这儿根本找不到。"

收银小姐沉默了一会儿，彬彬有礼地说："您可不可以让我看看您说的'礼貌'的样品？"

那位女士愣了片刻，忽然笑了。一场冲突就这样被轻松化解了。

这名收银小姐用俏皮、幽默的玩笑话，让原本紧张的气氛顿时友善、活泼起来，也避免了原先有可能会发生的争执、冲突，可谓是一个善于运用幽默的聪明女人。

友善的玩笑话不仅能够化解陌生感，还能够化解人与人之间生硬、紧张的情绪，有时还能够化解矛盾。

需要注意的是，女人在开玩笑的时候一定要把握好度，不要弄巧成拙。因为玩笑一旦开得不好，幽默过了头，效果就会适得其反。

友善的幽默，才能增进情感交流的过程。如果借幽默来达到对别人冷嘲热讽，发泄内心的厌恶和不满情绪的目的，那么，这种幽默就不能称之为幽默了。

当然，也许有些人不如你口齿伶俐，表面上看是你占了上风，但一定会认为你不够尊重他人，以后也不会愿意和你继续交往。

做一个会表达的女人

一位年轻画家最近租了一处新房,准备搬进去前对好友说:"我打算将墙壁好好地粉刷一下,然后在上面画几幅画,你们看行吗?"

好友深知年轻画家的水平,都暗暗发笑。一位好友心直口快地说:"就你那画画水平,还是别献丑了。"

年轻画家听了,面露不悦。

这时,画家的女朋友善意地开了个玩笑:"我看你还是先画几幅画,然后再将墙壁好好地粉刷一遍。"

年轻画家听后一笑,想在墙上画画的念头也就此作罢。

女人在开玩笑的时候,一定要分清场合,还要注意玩笑会不会产生歧义,让人误解。

一般来说,女人最好不要开长辈的玩笑,对上级也最好不要开过分的玩笑。同龄人之间开玩笑的时候要注意对方的性格,对太敏感、内向的朋友最好不要乱开玩笑,因为对方很有可能不领情,将你的善意看作是嘲笑、讥讽。

幽默一定要优雅、得体,因为开玩笑也是一种对自我形象的美好塑造。

如果一个人的思想与文化修养是健康、高雅的,说出来的玩笑话就会显得友善。幽默的内容如果不雅或粗俗,固然也能博人一笑,但过后就会让人感到无聊。因此,只有内容健康、格调高雅的幽默,才能给人精神享受,让人事后回味。

真正友善的玩笑能够瞬间消除双方的心理隔阂,让大家相谈甚欢。聪明女人也是一个幽默的艺术家,一个小玩笑就可以为大家建立融洽、欢乐的氛围,别人怎么会不喜欢这样的女人呢?

风趣地劝解,用笑声抹平痛苦的创伤

在我们身边,有些人有时渴望得到宽慰,他们有可能是投资失败的亲人,有可能是失业的朋友,有可能是正在经历婚变的同学,有可能是身患绝症的同事……面对困境中的他们,我们能帮什么忙呢?

对我们而言,目击他人的痛苦是异常残酷的,我们经常会采取某些行动或想办法帮忙解决。然而,有的人不懂得宽慰对方,或者怕说错话,选择什么都不说,因而错失了表达关心的机会。

其实,当朋友需要支持或者需要帮助的时候,我们应该尽可能地用言语去宽慰对方。可面对伤痛,言语反而显得苍白无力,这时我们该怎么办呢?

那就不如试着用诙谐的语言去劝慰对方,让对方在笑声中忘记痛苦与烦恼。这不仅是一种友善的行为,还会令对方心存感激,继而使彼此之间的关系更为亲密。

一个胖女人非常贪吃,除了一日三餐,她还各种零食不离口,最终导致消化不良。于是,她前去求医。

医生看到她肥胖的身体,就知道是怎么回事了,除了给她开了一些帮助消化的药外,还对她说:"我送给你一剂开胃的名药吧。"

胖女人忙问是什么名药。医生告诉她:"饥饿就是最好的开胃药。"

胖女人明白了医生的意思,会意地笑了。

这位医生用幽默的方法间接地劝告胖女人要少吃,避免了直接刺激她"胖"的话题,因而获得了较好的规劝效果。

要想成功地劝说对方,除了自己掌握正确的道理之外,还应该掌握巧妙的方法,如果能巧用幽默委婉地提醒对方,更能打动人心。

有一个妈妈总是自视甚高,在孩子面前从来都认为自己是对的,把权威硬施加在孩子身上。

孩子想让妈妈意识到这个问题,但又怕伤妈妈的自尊,就采用了如下方法。

儿子问:"妈妈,是不是大人总比孩子知道得多?"

妈妈答:"那还用说!"

儿子又问:"那么,电灯泡是谁发明的?"

妈妈答:"爱迪生呀!"

儿子最后问:"那爱迪生的妈妈怎么没有发明电灯泡?"

妈妈顿时哑口无言。

想要幽默地劝说他人,就要尽可能顺着对方的意愿说,让对方感到劝导者是他的同盟,从而乐意听从劝说,并接受劝导一方的观点——这样,劝导成功的可能性才会更大。

日常交际中,当几个女性朋友闲来无事坐在一起聊天的时候,就可以把幽默的语言作为一种互相增进感情的调味剂。

假如朋友生病了,为了不提及对方的伤心事,我们不应该直接询问病情,因为这即便算是一种安慰,也不会真正消除朋友内心的阴影。这时,我们应该想办法给朋友带来一份好心情,因此,幽默的语言就派上用场了。

比如,你可以说:"你多么幸运啊,我也希望生点病,好让我安静地躺在床上休息几天。"这样幽默的语言,往往会成为安慰病人的有效方法,而且能够给对方带来欢乐。

有时候,劝慰性语言并不需要一本正经地表达某种同情,它可以诙谐一点,这样表达出来的效果会更贴切。比如,安慰失恋的朋友可以这样说:"你虽然失去了一棵大树,但换来了一片森林呀!"

化解尴尬,哪能少得了幽默这款调味剂

在生活中,我们常常会遇到一些令人尴尬的场面,比如打碎碗盘、搞错事实、迟到等。女人要想让自己迅速从窘境中摆脱出来,运用幽默就是一个绝佳的妙招。

聪明的女人在遇到尴尬的时候,总是不慌不忙,靠自己的机智和风趣将棘手的难题轻松地化解掉,让尴尬的场面顿时变得轻松、愉悦。这样的女人能够随时随地化解自己和他人的尴尬,自然会很受欢迎。

一位女作家出版了一部书后,反响很不错。

一次在读者交流会的现场,由于妒忌,另一个作家走到她面前,不怀好意地说:"你这本书写得不错,不过,不知道是谁为你代笔的呢?"

这位女作家立即反驳道:"很高兴你能夸奖我的这本

书,但不知是谁念给你听的?"

对方嘲讽她不会写,而她则回敬对方不会读,既在情理之外,又在情理之中,用一个玩笑化解了尴尬。

聪明的女人善于利用当时的情势,用幽默的方式做一番自嘲,或者巧用一些托词化解尴尬,这样就很容易将原本僵住了的场景变成皆大欢喜的局面。

范晓梅是一位教师,她第一次去上课就赶上了一场大雨。到授课的地方要坐好几站公交车,因为下大雨,公交车好久都没有来。没办法,范晓梅只能徒步赶往授课地点。

当范晓梅赶到授课地点时已经晚了十多分钟,一推教室的门,迎接她的是几十双清澈而明亮的眼睛。

范晓梅为自己的迟到感到非常抱歉,她走上讲台,向同学们鞠了一躬,然后说:"不好意思,让同学们久等了。我是讲'公共关系'的,但和老天爷没处理好关系,瞧,老天爷一点也不给我面子……"

范晓梅幽默的道歉,顿时激起了同学们的欢笑和掌声——初次上课便迟到的尴尬,早已消失不见了。

当你遭遇一些意外情况的时候,幽默的话语不仅能让你将自己的苦衷轻松地表达出来,还能给他人带来一笑,可谓是只有利，没有弊。

此外，当女人遇到别人带有侮辱性言辞的时候，幽默的语言还能助自己一臂之力，让自己既不会失了风度，又能予以反击。所以，女人要学会用幽默的话语保护自己，以免受伤害。

交际中，谁都不想陷入尴尬之中，聪明的女人能够用幽默化解尴尬，让整个谈话氛围恢复正常。有的时候，我们可以运用逆向思维，将幽默渗透到整个生活当中去，这样，欢乐会越来越多，尴尬会越来越少，我们的生活也会越来越轻松。

替他人解围，幽默是最有效的法宝

林语堂先生说："幽默是一种人生的观点，一种应付人生的方法。幽默没有旁的内容，只是智慧之刀的一晃。"

幽默的语言能使紧张的气氛顿时显得轻松活泼，化解交际中的尴尬情境。在日常工作中，幽默无处不在，它成了我们与上司、同事交际的调节剂。

其实，幽默本身就具有一种令人愉悦的特性。幽默感更是一种能力,它能有效地影响他人的心理,增进人与人之间的关系。

有时候,身边的朋友或同事会陷入某种尴尬中,这时我们就需要运用幽默的语言来为他人解围了。

当面对一些充满恶意的语言或尴尬的场面时,我们不需要硬碰硬,而要换个角度看问题,用幽默的语言来应对,这样就能够帮助他人摆脱尴尬的处境,使整个交际气氛变得轻松愉快。

日常生活中,幽默是化解尴尬的良方。幽默的语言往往能够令人化怨为喜,开怀大笑,从而达到为他人解围的目的。当然,幽默并不是油滑、浅薄地耍嘴皮子,而是一种智慧——它在传达信息的同时,还可以随机应变,往往能够在瞬息之间帮助他人摆脱窘境。

或许,我们身边的人不善言辞,常常会令自己陷入难堪的境地,这时,身为朋友的你就要发挥幽默的天赋了——说上几句妙语,就能够令难堪的人缓过神来,摆脱尴尬的境地。

所谓"帮人等于帮己",你若是仗义地帮他人解围,定能够赢得他人更多的信任。

贾教授应邀到北京某大学中文系举办学术讲座。在谈到自己喜好的诗作,并准备朗诵一段时,贾教授发现诗稿放在一个学员的课桌上，于是便走下讲台去拿。

教室是阶梯式的，贾教授上台阶时，一不留神栽倒在第二级台阶上。不少同学偷笑起来，贾教授的脸顿时红了。

这时，与贾教授一同前来的同事接过了话筒，指着台阶说："你们看，上一个台阶多么不容易啊！贾教授是想告诉我们这样一个道理：生活不容易，作诗也不容易。"

同事的话，顿时赢得台下学生的掌声。

同事接着说："一次不成功不要紧，再努力！"在她说话的同时，贾教授已经恢复了平静，微笑着走上了讲台，继续开始自己的讲座。

当然，在这个过程中，幽默的同事不仅巧言化解了贾教授的尴尬，也给坐在下面的同学留下了深刻的印象。

幽默是一种说话的艺术，需要我们注意在特定场合中察言观色，适时说上几句，这样就能有效地帮助他人化解尴尬和窘迫了。

事实上，生活中的任何事都包含着两面性，其中的对与错、利与弊都是相对的。因此，在帮助他人解围的时候，我们需要辩证地看待问题，扬长避短，这才是用幽默打圆场的技巧。

理发店里新来了一个学徒，三个月后，他正式上岗了。他给第一位顾客理完发，顾客照照镜子说："头发理得太长。"

学徒有些不好意思，头低得很低，一言不发。

站在旁边的美发设计师王颖笑着解释："头发长使您显得含蓄，这叫藏而不露，很符合您的身份。"顾客听后，高兴而去。

学徒给第二位顾客理完发，顾客照照镜子，说："头发剪得太短。"

学徒脸红了，没想到这次还是让顾客不满意。

这时，王颖笑着解释："头发短使您显得精神、朴实、厚道，让人感到亲切。"顾客听后，欣喜而去。

学徒给第三个顾客理完发，顾客边交钱边嘟囔："理个发花了这么长的时间！"

学徒对此手足无措。

王颖马上解释道："为'首脑'多花点时间很有必要，您没听说'进门苍头秀士，出门白面书生'？"顾客听后，大笑而去。

学徒给第四个顾客理完发，顾客边付款边埋怨："理的时间太短了，20分钟就完事了。"

学徒又是不知所措。

王颖马上笑着抢答："如今，时间就是金钱，'顶上功夫'速战速决，为您赢得了时间，何乐而不为？"顾客听后，欢笑着告辞了。

这个故事中，王颖真是机智灵活，能说会道，每次都能用幽默的语言为身边的同事解围，巧妙地打圆场。而且，幽默的解释每次都使那位学徒摆脱了尴尬，同时也让顾客转怨为喜，高兴而去。

以幽默的方式帮助他人解围，这需要我们从善意的角度出发，以幽默的话语缓和紧张气氛，调节彼此之间的心理距离——对于增进自己与他人之间的关系，这大有裨益。

幽默的自我介绍，让你在面试中脱颖而出

很多女性朋友在参加求职面试的时候都会产生紧张情绪，正因如此，一些有能力、有才华的女人失去了被面试官相中的机会。

聪明的女人善于发挥自己的特长，在面试的时候幽默一下，调节一下气氛，这会为自己的面试增加胜算，在人数众多的应聘者大军中脱颖而出。

人人都喜欢有幽默感的人，面对各种应聘者的面试官也不例外。

幽默是一种优美、健康的品质，也是人与人之间的润滑剂，对相互陌生的人来说，是拉近彼此心理距离的最佳助力。

幽默能够体现一个人良好的心理素质，敏锐的反应能力。要想让面试官对你有一个好的第一印象，运用恰如其分的幽默能够获得绝佳效果。

女人在面试的时候，要多动脑筋，以幽默而别出心裁的自我介绍让面试官对你印象深刻，好感倍增。因此，你可以提前精心设计——不打无准备之仗，才能在面试场合牢牢抓住面试官的注意力。

李子琳是上海一所知名大学的广告系毕业生，为了找到一份称心的工作，她跑遍了招聘市场，还在网上投递简历。

一个月之内，李子琳得到了好几次面试的机会，但总是在面试过后就没了音讯。为此，李子琳找到一个学长来询问经验。学长说，要想让面试官记住自己，就要用别出心裁的方式。

李子琳思考了几天，想出了一份幽默而恰如其分的自我介绍。

过了没多久，李子琳又接到一家公司的面试通知。她经过精心准备，前去参加面试。

进入面试场地，李子琳礼貌地打过招呼之后，便开始了自我介绍:"面试官,您好!今天,我想为贵公司推荐一款产品,这款产品是1983年中国制造,长167厘米,毛重55千克。本产品属于人工智能型,各局部零件完整,运转稳定,已使用20多年,属质量信得过产品。该产品为名牌医科大学出品,手续完全,试用不合格会包退包换。现因产品急需一个展示自己优良性能的平台,希望贵公司能够考虑采用这款产品。"

说着,李子琳将自己的简历及各项证书递上:"请您阅读产品说明书。"

面试官被李子琳搞笑的自我介绍逗乐了,说:"广告业需要的就是你这样有思想、有创新意识的年轻人。这样吧,如果你没有其他的考虑,下周来办理入职手续如何?"

李子琳心中顿时欣喜万分。

假如当面试官用公事公办的态度说:"非常遗憾,我们公司不能录用你。"

聪明的女人会俏皮地说:"既然您非常遗憾,为什么不给我一次机会呢?"这能让对方舒心一笑的同时,还有可能使你在面试中反败为胜,破例得到一次机会。

当面试官问到一些不好回答的问题时,幽默也可以帮大忙。比如,面试官问:"你为什么来应聘这份工作?"

聪明的女人会这样回答:"不合群的人总是会受到排

斥，但我了解了贵公司之后发现，我可找到组织了！"

当面试官问："你认为你有什么优点和缺点？"

聪明的女人可以这样说："我最大的优点是认真，我最大的缺点是太认真！"

这些带着幽默的自我表达既不会让面试官反感，还会让面试官觉得你的自我介绍生动、鲜活。

幽默的自我介绍能够向面试者传达一个信息：我的心态是健康的、阳光的。此外，还可以用幽默的方式表达自己的优缺点、性格特点、爱好特长等。

夏雪在参加一家公司面试的时候，就用了这样一段幽默风趣的自我介绍：

"大家好，我叫夏雪，因为我出生那天下了一场大雪，老爸又刚好姓夏，于是我就叫'下雪'了。

"我为人热情大方，有朋友还说我挺幽默的。我比较喜欢烹调，比如烧开水什么的都难不倒我。我的特长是研究做菜，比如如何煮方便面才能不糊锅。开个玩笑，各位不要介意。

"我也是个文学青年，偶尔读读美容杂志，看看娱乐八卦。我经常参与一些体育锻炼，比如爬山、游泳、打羽毛球。其实，说这些是为了表明我爱好广泛，希望大家能够认同我。

"不过,除了上面的特长,我毛病也挺多的。比如,爱睡懒觉,爱上网,爱嘻嘻哈哈地和人打闹。除了这些缺点,我是非常乐于交朋友的。"

幽默就像一根魔法手杖,女人如果能够用好它,轻轻一挥就能够将沉闷的面试气氛带动起来,获得面试官的青睐。

当然,面试中最好不要刻意搞笑,就算一个女人再怎么能言善辩,也不可能装作非常幽默。

幽默是装不出来的,当你觉得自己想出来的搞笑话语并不十分合适的时候,最好不要说出口——相反,老老实实地回答问题才是最佳选择。

需要注意的是,面试成功与否归根结底还是要靠自己的实力,幽默的自我介绍只能够让面试官记住你,对你有个深刻的印象,并不能够决定面试的成败。所以,面试中的幽默要掌握分寸,一旦过度就会显得油腔滑调,给人留下态度不严谨的不良印象。

第四章
善解人意：懂得为他人着想的女人更迷人

> 学会倾听，做一个贴心的女人
> 打圆场的达人，和稀泥也是好手
> 即使你知道对方的隐私，也要装作一无所知
> 恶语相击，永远不会得到善意的回复
> 交谈须思考，口才好也不一定要与人争辩
> 在失意人面前，你别总是嘚瑟

学会倾听,做一个贴心的女人

美国心理学家斯坦纳认为:"在哪里说得愈少,在哪里听到的就愈多。"意思是:只有很好地听取别人的谈话,才能更好地说出自己的话。为了多听,必须少说——这就是著名的斯坦纳定理。

社交离不开交流,如何与人交流,怎样听和说场面话,是女性在交际中必须重视的问题。

不少女人容易犯一个毛病,就是不管在什么场合,不管彼此的交情怎样,也不管对方是不是有兴趣,总是喜欢絮絮叨叨地数落生活里的琐事,而且能一股脑儿说上几个钟头。

女人普遍具有较强的倾诉欲,这反映出一种弱势心态。大凡这样的女人,多半是为了向他人寻求帮助或保护,而且把自己表白清楚了,对方就觉得她没有被骗的可能。对方如果还敢生出欺负她的心,岂不是无情无义?岂不是要遭受他人之谴责?

看来,倾诉欲强烈的女人是聪明的。不过,这种聪明也是软弱的,因为她缺乏自信,才会将自己的心交给别人、交给社会；因为她没有勇气自我承担，也就不敢应对生活中的风风雨雨。

如此，你在社交中如果碰到这样的女子，就该给她鼓励，给她肯定的眼神，这自然会让你们建立起良好的关系。

可是，如果你就是个絮絮叨叨、没完没了的女人呢？那么，你就需要学会锤炼自己，为自己鼓掌，给自己鼓劲——路要靠自己走，不要把安全感绑到别人身上。

有一个速成法可以帮助女人改变这一形象，给人留下较好的印象：与人见面时，尽量少说话。

乔·吉拉德刚开始做汽车推销员时，有一次遇到一位女士来向他买车，他准备推荐一款最好的车型给那位女士。女士很高兴，并与乔·吉拉德愉快地聊起天来。

正当乔·吉拉德为即将成交的这一笔生意而暗自得意的时候，那位女士却把脸色一沉，转身离去。

乔·吉拉德百思不得其解。到了晚上 11 点，他忍不住打电话给那位女士，想问清楚她今天为什么会突然变卦，看好的车又不买了。

那位女士在深夜接到打来的电话时有些恼怒。乔·吉拉德满怀歉意地说："非常抱歉，我知道现在已经很晚了，但是，我检讨了一下午，实在想不出我错在哪里了，因此特地打电话来向您讨教。"

女士的语气有些缓和，问道："真的吗？"

听到乔·吉拉德肯定的回答，女士沉默了一会儿，说："很好，你在用心听我说话吗？"

"非常用心。"乔·吉拉德答道。

"可是，今天上午你根本没注意听我说话。我说到我的儿子吉米即将进入密歇根大学念医科专业，还提到他将来的抱负——我以他为荣，但你却毫无反应。"

乔·吉拉德不记得对方曾经说过这事，他不由得问了一句："什么时候？"

"签字以前。"

乔·吉拉德沉默了。当时，他以为已经谈妥那笔生意了，根本无心听对方在说什么——他除了满心的喜悦之外，眼睛里满是销售后的提成。

乔·吉拉德失败的原因，在于没有认真听顾客讲话，没有和顾客做很好的沟通和互动。顾客不但需要一辆新车，更重要的是，她需要听到他人对自己优秀的儿子的赞美。如果乔·吉拉德能专心听顾客讲话，便是他所能给予顾客的最大赞美。

"很少有人经得起别人专心听讲所给予的暗示性赞美。"杰克·乌弗在《陌生人在爱中》里这样写道。

在日常交流中，我们可以多听听他人的诉说，满足他人倾诉的愿望。人都是这样,只有感到别人认真听了自己的倾诉后才会有一种被尊重感,继而有了更深入的谈话兴趣。

女性朋友们只要认识到这点,为人处世才会变得顺利,且离成功也就不远了。

在简·奥斯汀的小说《傲慢与偏见》中,有这样一个情节:

在一次茶会上,丽萃耐心而专注地听一位刚刚从非洲旅行回来的男士讲话,听他叙述路程中的所见所闻,整个过程中她几乎没怎么说话。可是,分别的时候,那位男士却对别人说,丽萃是一个多么善于言谈的姑娘啊!

其实,丽萃只是做了一个很好的听众。可是,在对方心里,这样的倾听胜过滔滔不绝的回应,给人留下的印象也是善解人意、温婉美好的。

一位女心理咨询师在跟很多来访者沟通后发现,大多数时候,对方真的不需要你给他什么建议,他只是需要一个"树洞"来倾听——你只要适当地提问,做一个专注的倾听者,允许他把心里的感受释放出来,就可以带给他慰藉和帮助。

这就是倾听的魔力。所以,你不必巧舌如簧,只要洗耳恭听。

鲁豫就是一个十分懂得倾听的主持人。记得在一期节目中采访易中天，鲁豫就用这种方式让易中天在节目中畅所欲言，从而达到了良好的收视率。

在节目中，鲁豫想了解易中天在学校教书时和在《百家讲坛》中讲学时有何区别，就对易中天说道："您有这么多年的讲课经验，所以在《百家讲坛》讲课也并非一件太难的事吧？"

鲁豫明白，每一位大学教授在做电视节目时刚开始都会有明显的不适应，而她又没把这个问题明说，通过几句对易中天的赞美，把这个问题看似清淡地抛了出来。

而易中天果然对于做节目有很多的"苦"想诉说。听了鲁豫这样抛砖引玉似的提问后，他感叹地说了一句"难啊"，然后便开始讲述上课和电视讲座的区别到底有多大。从"以前有很多学者在《百家讲坛》失败的经历"说到"电视观众和学生的不同反应情况"，从"电视剧与话剧的区别"说到"电视讲座所要借鉴的戏剧要素"，话题像打开的水龙头一样一发不可收拾。

在易中天的讲述过程中，除了一处必要的提问外，鲁豫和其他观众一样都是在扮演着倾听者的角色。正是这种倾听的氛围，反而使易中天情不自禁地展开了更宽广的话题，也使观众更深入地了解了易中天，当时节目现场是掌声不断。

有时候,对别人最好的尊敬就是倾听。专心地听别人讲话,胜过你给别人很多的赞美——不管说话者是什么人,倾听能达到的功效都是一样的。

人们的一大共性,就是喜欢把关注点放在自己的兴趣和爱好上。

同样,当你在谈论自己的时候,对方在全神贯注地听你讲,你心中自然而然会产生一种被重视的感觉。

实际上,倾诉之心,人皆有之。一个人为什么需要朋友?就是因为需要倾诉。

倾听别人的诉说,给那些爱表达的女人以鼓励,使她们觉得自己受重视;给那些喜欢炫耀的男人以肯定,让他们觉得自己受崇拜。这样,女人就会得到大家的欢迎,能迅速建立自己的交际圈。

倾听的魅力无限,女人要想学会倾听的本领,就必须多下功夫:

一、养成乐观的个性,不管遇到什么麻烦,都不妨设想一下处在快乐情景中的逍遥状态。

二、试着将自己的感受、想法、愿望写下来,这样可以消除烦恼。理智地看待问题,还有助于日后在与人交流的过程中恰当地表达自己的内心感受,也能正确地分析别人的内心感受。

三、在着手与他人建立人际关系前,应该认真思索一下,自己是否真的对他人感兴趣,能不能给他人带去愉快的体验。

四、尊重个性,不可抱着试图改变别人的心理与人交往。不要期望对方一味地奉献,要以互利为原则去相处。

五、乐于接受变化,适应环境,对人坚持友善的态度。

这些都可以帮助女性树立倾听的心态,逐步改善人际交往习惯。当然,在与他人交流的具体实践中,女性还切忌以下几点:

一、为了表达自己的想法或者讲述自己的故事,随便打断别人的话。

二、躲避对方的眼睛,不与对方保持视线平行。

三、在别人讲述时,不断追问细节,探听别人有意隐瞒的内容。

四、一边听别人说话,一边打电话,或管教孩子,或指手画脚地安排其他事情。

五、催促对方,或者没记住对方说的话。

六、不等对方讲完,忙着盖棺论定。

打圆场的达人,和稀泥也是好手

除了擅长倾听的女人在交际中颇受欢迎外,还有一种女人——她们善于为别人打圆场。

人与人之间交流,哪怕事先设计好了"台词",也不一定会万无一失,因此,出现"口祸"就是司空见惯的事。如果一不留神伤到对方,就像行车途中突然遇到一个坑,该怎么办?

这时,打圆场就是一种常用的手段。那么,我们如何理解打圆场?

打圆场大致是这样的:调解纠纷,化解矛盾,打破僵局,避免尴尬。打圆场是以特定的言语去缓和紧张气氛,调节人际关系的一种抱着善意出发点的行为。

打圆场也要讲究技巧,通过阅读下面这个事例,你会从中受到启发。

齐白石在老年的时候,有一次在护工伍德萱的陪同下,去参加新凤霞的"敬老"宴会。

当时参加此次宴会的有很多名流。齐白石对新凤霞也是闻名已久，对于她的身段和唱功一直倾慕，因此，当天见面后很是激动，拉着新凤霞的手仔细地凝视着对方，让新凤霞都觉得有些不好意思了。

伍德萱调侃地说道："您总是盯着人家看，人家会不好意思的！"听了这话，齐白石很不高兴，反驳道："我这么大年纪了，为何不能看她，她生得这么好看。"说完之后，自己也觉得有些失言，伍德萱也觉得难为情。

这时，新凤霞连忙笑着说道："齐老愿意看，您就多看。我是唱戏的，不怕看。"旁边的人也跟着圆场，说道："老师这么喜欢凤霞，干脆就收了她做您的干女儿吧！"几句圆场的话，最后竟然成为一段佳话。

从案例中我们可以看出，新凤霞就是一个打圆场的好手，一句话就化解了尴尬的场面，最后在众人的"起哄"中，意外获得了齐白石这样一个干爹，成为当时的一段佳话。因此，在生活中我们应尽量避免触碰别人的敏感区，让对方出丑——但是，如果遭遇了尴尬，那就要运用恰当的打圆场手段去化解。不过要记得，打圆场只能点到为止。

大多数时候，女人都喜欢别人为自己打圆场，替自己解围，因为她们缺乏变通的能力和社交经验。而且，她们希望被人保护。

第四章 善解人意：懂得为他人着想的女人更迷人

其实，人与人的才智是相当的，只要你掌握了打圆场的技巧，同样可以成为社交高手，能轻松处理很多尴尬的问题。

相反，如果一点不懂打圆场，出了问题只会被动地推卸责任，将问题推到对方身上，或者不知所措，则会大大影响自己的形象。

某品牌的家用热水器最近出了很多质量问题，商家不断收到顾客的投诉，并且，顾客还把相关情况投诉到了媒体。

当地多家报社和电视台的记者知道消息后，都纷纷前来这家生产企业进行采访。他们在一楼遇到了经理的女秘书，但当他们把镜头对准她的时候，她却捂着脸躲开了，还边走边说："这事我不了解，你们还是上楼找经理吧。"

记者们立刻涌向了经理办公室。面对突如其来的采访和询问，经理没有一点准备，但又不能躲避。他建议记者去找秘书了解情况，可记者们都说，秘书说了，对此并不知情。无奈，经理只好硬着头皮回答记者们的提问。

对于秘书的畏缩行为，经理很生气，不久就跟她解除了聘用合同。

不为别人圆场，自己也不会得到好处。但是，为别人打圆场也应该从善意的角度出发，通过一些特定的语言，比如笑话、俏皮话等去缓和紧张气氛，调节人际关系。

平时，大家说某某人"嘴巧""会说话""能言善辩"，往往就是说他擅长打圆场。那么，女性如果遇到需要打圆场的时候，如何能做到随机应变呢？

一、女人打圆场时，要多用吉言

动听的话语才能打动人，才会讨得对方喜欢。没有人不喜欢吉言，利用这种心理多说"好话"，很快会抚平争执双方的怒气。

何谓"好话"？自然是人们喜欢听的话，吉庆话。心理学研究发现，受人们欢迎和不欢迎的词汇界限，很是分明。诸如爱、幸福、快乐、金钱、年轻、健康、聪明、漂亮……都是受人欢迎的。而诸如悲伤、痛苦、困难、成本、损害、辛苦、责任、压力……此类词汇都不受人欢迎。

所以，女人学习打圆场的技巧时，应该先去学习使用这些受人欢迎的词汇。一句话：投其所好，自然会打通人脉。

二、女人打圆场时，应该扬长避短

生活中，任何问题都具有双重性，从不同的角度看对与错、利与弊，会有不同的发现。

因此，女性在遇到尴尬时，不妨快速转换角度看问题，找到事情的有利面，采取扬长避短的策略，以巧妙的语言去化解尴尬。

这样，你也会引领对方去转换视角，对原先不满意的事进行换位思考，从新的角度体会事情的缘由，从而接受你的观点。

三、女人打圆场，可以用一些幽默的语言

"幽默是一道神圣的闪光"，一句幽默的话不仅会闪烁出智慧之光，还会瞬间化解很多怨恨，令人开怀大笑。当然，天生懂幽默的女人是难得的。

总之，打圆场体现的是语言功力，不是单纯的奉承，也不是油腔滑调、诡辩，而是一种说话的艺术。

女人想学习和掌握这种技巧，除了要在交际场中勤于察言观色，能迅速搞清矛盾的焦点，并根据不同情况进行得体地周旋外，平时还要注意心性修养、语言训练，尽量使自己具备幽默的品性。

即使你知道对方的隐私，也要装作一无所知

每个人都有属于自己不愿跟人透露的秘密。尊重隐私是对别人最起码的尊重，同时也能体现我们的道德和修养。

即使你无意中知道了别人的秘密，也要给对方留面子，不能随意拆穿，拿出来开玩笑，因为这样会伤到对方的自尊

心，从而造成人际关系的隔阂——你只要装作不知道这个秘密，就会一团和气了。

有的人持这种观点：陌生人的隐私没有权利探知；而对于比较亲密的人，则可以打听他们的隐私。这种观点是错误的，因为即便你们的关系再亲密，人家也可能有不愿让他人知道的隐私。

即使是最亲密的爱人，我们也应该留给对方足够的空间，让他保留一点神秘，保留一点私人的东西。如果对方觉得不应该瞒你，他自然会让你知道；如果他有意隐瞒而你偷看了，就会伤到他的自尊，这对你们的相处不利。

我们常说将心比心，所以非常有必要去尊重别人的隐私——只有懂得尊重别人的隐私，才能让感情长久。诸如电脑、手机、笔记本等，都是隐藏秘密和隐私的载体，在没有经过别人允许的情况下不能去动，这是做人最起码的道德和品质。

尊重别人的隐私，就能得到别人的尊重。

李晓梅和张海二人不但是发小，还是大学校友以及生意场上的伙伴。两人关系很不错，称得上是异性知己，所以相互开玩笑时也无所顾忌。

张海原来在某工厂任财务科长，后来因经济问题被判刑三年，老婆也因此跟他离婚了。出狱后，他痛改前非，和李晓梅一起成为某集团公司下属的两个分公司经理,终于事业有成。

有一次,在总公司的例会上轮到张海发言,他谦逊地说道:"我想说的大家都已经说过了,所以就不用再重复了。"

李晓梅对张海的发言感到不满,开玩笑地说:"你谦虚什么呢,还怕别人得了你的真传吗?好,你不愿说,我来替你说:你的成功之处在于掌握了'三证',一是大学毕业证,二是离婚证,三是劳改释放证。"

在大家的哄笑声中,张海的脸一下子变成了猪肝色。从此,他与李晓梅彻底断交,形同陌路。

在生活中,同事、朋友之间的交谈也是一样的。大家都有自己的秘密,我们也要像对待自己一样来对待同事、朋友,给大家保留一定的空间。

所以,与人交谈时最忌讳随便提起别人的隐私,否则,你就会在别人心中留下不良印象。反之,如果你照顾到了别人的感受,就会给别人好感,进而增进你们之间的人际关系。

我们都应该学会尊重别人的隐私,男女之间更要这样。聪明的女人,不会光看表象就去怀疑别人;聪明的女人,也不会靠他人的隐私去吸引男人;聪明的女人,懂得适时地"糊涂";聪明的女人,懂得松紧适度的原则。

每个人的隐私都不同，有的是一汪苦水，有的是一片美景——不论是什么，人都有保留自己隐私的权利。尊重别人的隐私，就等于尊重别人的人格，而自己的人格也在同一时间得到了尊重。

恶语相击，永远不会得到善意的回复

和妻子吵架后，丈夫就负气出走了，一连几天都没回家。妻子很着急，连忙去报社找人帮忙登寻人启事。启事的内容是这样写的：

"张××，身高1.75米，五官端正，目光深邃，眉毛浓黑，脸的轮廓棱角分明，看上去风度翩翩。离家出走时，身穿蓝色衬衣，黑色长裤，棕色皮鞋。如你见到启事请速回，你的妻子很想你。"

工作人员看了后，笑着说："通过这段文字可以看出，你的丈夫是个英俊的男子……但这些话有点空洞，他还有其他什么鲜明的特征吗？"

"有……那就是他的光头了！"

"早说啊，这才是重点。"

第四章 善解人意：懂得为他人着想的女人更迷人

"但千万不能写上去，就是因为我说他是个秃头，他才负气出走的。"妻子不好意思地低下了头，"这也是我不说重点的原因……"

这个平淡无奇的小故事，可以让女性朋友更清醒地意识到，说话前不假思索的后果是多么可怕。

说话从来不经思考，并且恶语诋毁自己不了解的人和事，这样只会显露自己的浅薄和无知。很多时候，诋毁他人不仅贬低不了别人，反而更会让他人厌恶自己的无知与丑恶。

在公共汽车上，有两个女士不知为什么发生了争执。年轻的是一个相貌平平、打扮时髦的女孩；年长的是一位气质高雅的中年妇女，从她的相貌上来看，她年轻时一定非常漂亮。

也许是年轻女孩自觉理亏，她竟然以自己年轻作为资本去嘲笑那位中年妇女是"老菜皮"。而那位中年妇女并没用脏话来回击女孩的辱骂，而是微笑着说："你也有老去的那天，但你的相貌从年轻时起就不太招人喜欢。"

车厢里的人都哄笑起来，那女孩也哑口无言了。是啊，这句话太精辟、太富有哲理了。女孩不假思索，脱口而出的恶语，到头来却伤了自己。

我们每个人都曾年轻过，但并不是每个年轻人都漂亮。就像公交车上的那个女孩，虽然她年轻，中年妇女也年轻过，可是中年妇女的漂亮她却不可能拥有。也许她可以通过整容或者化妆弥补自身的不足，但那毕竟是经过加工后的"作品"，不是本来面目。

中年妇女用很精辟的一句话就击中了那女孩的软肋，而女孩就是因为开口之前没有仔细思量才落得个被人嘲笑的结果。

事物总是相辅相成的，用恶语诋毁他人的人，往往是最缺乏教养的人。在公共场所，我们不是经常可以听见那种自以为是、令人发笑的评说吗？

某年夏天，王女士到一家时装店选购连衣裙。她看中了一条纯白色，腰间打着皱褶的长连衣裙。因为她个子很高，而且比较瘦，所以对服装颜色和款式的选择范围比较大。

她正在试穿，忽然听到身后有一个大嗓门的女士说："这条裙子蛮好看的，可惜我女儿胖得像山东人一样难看，她穿不了的！"

王女士是山东人，因此，听到有关对山东人的评论自然就会比较注意。于是，她回头去看，只见说话的是一个长得比较矮胖的中年妇女，估计她女儿的身材也和她差不多。

接着，好开玩笑的王女士假装没弄明白她的意思，笑嘻嘻地对她说:"哎呀,你也是山东人啊?我和你是同乡嘛!"

那个中年妇女一听王女士这么说,仔细打量了她一下,忽然变得很尴尬,连忙转身走了。周围的人都笑了起来。

单纯的无知并不可笑,真正可笑的是,你不仅不知自己的无知和浅薄,还到处自鸣得意,最后只会落得个让别人看笑话的结果。

就像公交上的那个女孩,如果她没有嘲笑那位中年妇女的年龄,那么,在别人眼里,她是个虽然人不怎么漂亮,却焕发着青春气息的清纯女孩——然而,她的恶语却使她显得既浅薄又粗俗。

就像那个时装店里的中年妇女,如果她不用恶语进行地域歧视,那么,在大家看来,她不过是个长相普通的平常妇人——然而,她的恶语却使人们注意到她不仅长得丑,还很粗鄙、浅薄。

有个年轻女孩找牧师圣菲利普倾诉自己的苦恼。这个女孩的心地不坏,但她最大的缺点就是喜欢传闲话,所以很多人因此受到了伤害。但是,女孩非但没有从中得到任何好处,而且让人们都不喜欢她了。

圣菲利普决定惩罚一下这个女孩,于是就让她拔鸡毛并散放到路边,还要她记下拔了多少根鸡毛。

女孩依言而行。圣菲利普又让女孩把散放在路边的鸡毛全捡回来,她也照做了。但不久她回来了,还哭着说:"我根本就不能把所有的鸡毛捡回来——风一吹,鸡毛就全跑了。"

"这就对了。那你传出去的那些愚蠢的话,还能收回来吗?"

所以,说话之前一定要三思,不要只图自己高兴,却给他人造成不良影响。还有,就是多听少说。

一旦意识到自己要说出来的话对别人不利时,就赶紧闭嘴,不要让这些"羽毛"散落路旁。因为,你管不了别人的嘴巴,但可以管住自己的。

所谓谣言止于智者,你不去乱说,就充分说明你也是个智者。

交谈须思考,口才好也不一定要与人争辩

有些女人遇事喜欢争辩,不争出个"结果"来誓不罢休。有些闺密就是这样的情况:往往因为观点不同而争辩,

谁都不肯退让，到最后也许赢了辩论，却输了友谊。因此，如果你想和她保持闺密关系，就要时刻注意自己说话的语气。如果你想和她保持友谊，就不要总是跟她在一些小事上争论不休。

其实，每个人都有自己的观点，不可能和别人想的都一样——因此，应该抱着宽容的心，让自己随时可以接受更多不同的意见。

每个人的生活背景不同、经历不同，因此，每个人的思想也不一样。当我们想和别人交朋友时，就要先意识到每个人的想法必然有不同之处这一点，这样就不会为此而懊恼了。

有些人比较低调，他们不喜欢与人争执，即便大家的思想不一样，他们也可以各过各的，互不影响。但是，有些人却爱认死理儿，而且比较高调，总想和对方争个高下。事实上，这种争执对他们来说没有任何意义。

如果你和朋友为一个并非涉及原则性的问题一争高下，那么，自己最终能得到的是什么？不过是伤和气罢了。

你也许是为了逞一时之快，但是，即便你在争辩中赢了，可在人际关系上却输了。聪明的女人从来不会为这些小事，或是为了显示自己懂得更多，来跟朋友争辩的。

你要问问自己，是逞口舌之快重要呢，还是拥有一个朋友重要？如果为了争辩而失去了朋友，那绝对不划算。

王琳在学校读书时成绩就一直名列前茅，而且她不仅成绩优秀，还是班里和学生会的干部。平时，班里有些事都是由她来拿主意，因此，她一直觉得自己很优秀。但自从她出了校门，情况就改变了。

现今，王琳只是一家公司的普通员工，虽然原来在学校里的那种光环不见了，但她依然心高气傲，不管做什么都不服管，总觉得自己有一番道理。所以，作为一个职场新人，她吃了不少苦头。

一次，王琳和办公室里的一位前辈因为一个程序处理问题吵了起来。她觉得自己编写的程序是对的，而那位前辈只是认为她写的程序稍微烦琐了些，其实有更简易的写法——因为程序写得越烦琐，以后出故障的可能性就越大。

但是，王琳却觉得那位前辈是在故意刁难她，因为她的程序本来没有错，就算是写得复杂了点，同样可以达到效果，干吗非要拿这件事让她当众出丑呢？

于是，她自以为是地据理力争，不管怎么说，她总想让自己的成果得以应用。事实上，她和那位前辈争吵之后，由于总经理出面，她的程序还是要改，因为这关系到的不是她个人的利益，而是整个公司的利益。

其实，她心里也明白，程序修改一下会更好，但她只是为了面子就不管不顾了。自此以后，总经理对王琳有了偏见，办公室里的其他人跟她也渐渐疏远了。她不仅没有争辩过那位前辈，还赔上了自己技术不过硬的坏形象，这就叫"一着不慎，满盘皆输"。

王琳开始反思自己：尽管自己在学校的时候是个风云人物，但是，那只是在学校而已——与社会相比，那相差太远了。

她开始明白，在职场中想要获得好人缘，就要时刻保持谦虚谨慎的态度，与人交往的时候不要老想着一争高下，适当的时候多恭维一下别人也是必要的，毕竟自己还是新人。

她想到这里，就知道自己应该怎么做了。于是，她开始尽量去改变自己目前的这种境况。

在一次午休的时候，王琳当着大家的面给那位前辈道歉，并希望大家都能接受她这个刚入社会不久的新人的歉意。之后，她邀请大家一起去吃自助餐，算是为那天的事赔罪。

在王琳的邀请下，大家都欣然地接受了她的好意。后来，她在办公室里和大家的关系也渐渐好起来了。

从王琳的故事里可以看出，一个人如果喜欢与人争执，可能就会被认为他不易相处。那么，当你想要再与别人建立关系时，就会比较困难。

大家要记住，遇到什么事都不要急着与人争辩，先考虑一下是否是自己的原因。如果真是自己错了，那就应该听取别人的建议。如果这时候还要跟别人争辩的话，那就是无理取闹了。

事实上，如果与他人争辩，即便你是真理在握，也该语气平和、娓娓道来。而趾高气扬地跟人争辩，就算你说服了对方，当时对方在面子上过不去，之后也会对你心存芥蒂。

当然，如果在迫不得已的情况下，你也要选择合适的时机，采取合适的方式，来向对方解释和阐述自己的理由。

总之，争辩不会为你带来友谊——相反，你可能会因此而失去更多的朋友。

在失意人面前，你别总是嘚瑟

很多女人喜欢炫耀，无论是在朋友圈，还是在跟姐妹们一起逛街或聊天的时候。

当女人兴奋地炫耀自己的得意之事时，往往会忽略身边的其他人——他们是否愿意听，或者他们现在是否正处于困难期，而你的得意炫耀是否会在他们的伤口上撒盐？

人生不会永远一帆风顺，谁都有时运不济的时候，不论何时，你都要给自己留一条后路，记住：凡事不能做绝，得意时，不要总是在失意人面前炫耀，要给对方一个台阶下。这不仅是给对方机会，也等于是为自己留退路。

俗话说："三十年河东，三十年河西。"如果你当初给他人留了后路，你落魄时对方也会对你伸出援手；如果你之前太过盛气凌人，别人只会给你一脚，落井下石。

从服装设计院校毕业后，刘静和一位同学王艳进了同一家服装公司。因为是校友加好友，所以她俩都和睦相处。但后来，刘静就跟朋友开始发牢骚，而主要原因是：她俩开始暗地里较劲，都想早日被评为优秀员工，好升职加薪。

有一次，刘静因为整理数据时出了问题，领导在办公室里狠狠批评了她："你来公司这么久了，怎么都不长心眼儿啊？这么简单的事你也会出错，真是太让我失望了。"

这时候，王艳正好也来交材料，看到这一幕，她不但不给刘静台阶下，还乘机添油加醋地讽刺："我们是同一天来公司的，算算日子也不短了。"王艳的讽刺之意非常明显，刘静心里很生气。

领导又批评了刘静几句，才让她出去了。

"你刚才在办公室为什么添油加醋地告我状？再怎么说，我们也是校友啊！"刘静拦住王艳，质问她。

"我哪儿有啊？"王艳还不承认。

"你还不承认？以后你别有事求到我！"刘静一时很生

气,开始发火了。

"求你?哼,我才不会出错呢。咱们今天就一刀两断,以后走着瞧。"王艳把事做绝了,没有考虑这样做的后果。

三个月后,刘静被评为优秀员工,提了组长,成为王艳的上级。

两人虽然是同学、好友,但因之前发生过不愉快,刘静和王艳再见面时总是会尴尬。而王艳因为当时说话带刺,让她再面对刘静时很不自在,没办法,最后她只好辞职重新找工作了。

俗话说:"饭可以多吃,话不可以多说。"这是为人处世的重要原则,也是中庸之道的重要体现——不给别人带来压力,同时给自己留一条后路,何乐而不为呢?

王艳就是因为当初把事做得太过,不懂得适可而止,丝毫不给自己和别人留余地,最后只能自食其果。

每个人的生活都会有起伏,甚至会是一种轮回:一时得意,也总会有失意。如果不懂得给别人留余地,不懂得适可而止,甚至借机落井下石,之后必然会受到惩罚。

说话做事适可而止、留有余地,才是保护自己的最好方法。

我们总会看到这样的女人:年轻气盛,做事冲动,总喜欢凭借一时之气把话说绝,把事做绝,最终把自己逼入窘境。把事做得太绝，就好比杯子里本来装满了水，你还继续添水，之后只会溢出。

说话做事是需要智慧和胸怀的，有些事你再有把握也不能万分肯定，更不能把话说绝，丝毫不给人留余地。这么做不但会引起他人的反感，还可能给自己带来后患。

懂得给自己留后路的女人，她的世界才会变得更平稳、更宽广——这就好比在打仗时选择了有利的安全位置，可攻可守。这样，才可以永远立于不败之地。

相反，不懂适可而止就等于把自己逼到了死角，没有危险还好，一旦发生意外，必然会退无可退。所以，聪明的女人不管在什么时候，都会给自己、给别人留余地。这样，既给了别人面子，又给自己留了后路。

生活中，说大话的女人很常见，做事很绝的女人也多，这些女人通常都不受人待见。如果你仔细观察，就会发现那些聪明的女人常常会为自己留余地。

要想给自己留后路，就必须从各个方面严格要求自己。首先，要学会说话——话不说绝、适可而止，不论因为什么人或事，都不要把对方逼入死角。

没能力做好的事，不要随口应承；有把握做好的事，也要含蓄地说，给自己留下余地。如果别人遭遇尴尬或一时失意，我们不要嘲笑——拿出自己的宽容、大度，为他人开一扇门，对方必将无比感激。

做一个 会表达的女人

　　章蒙大学毕业后，找了一份很不错的工作，待遇丰厚，活儿也不累，还有大把的休息时间。

　　她有些小虚荣，特别喜欢在别人面前显摆自己、炫耀自己有钱，彰显自己有追求、有品位。每次见到同学和朋友，她都会说："我的梦想就是环游世界，见识形形色色的人和事，那时我就再也不是平庸的井底之蛙了。"

　　起初，大家都以为章蒙说的是真的，称赞她是浪漫主义者。但是，很长一段时间内，她还是逢人就说自己要去环游世界的梦想。渐渐地，大家都开始反感她了。

　　一次聚会上，一个朋友忍不住嘲讽她："你不是经常说要去环游世界吗？那你去过多少国内的旅游景点呢？"

　　章蒙有些尴尬地说："没去过几个。"

　　大家忍不住嘲笑她。

　　当时，另一个朋友小贾赶紧出来打圆场："没事没事，计划往往赶不上变化，章蒙的计划肯定会慢慢实现的。"

　　朋友小贾的及时救场，让章蒙感激不已。从那之后，她时不时就送些礼物给小贾，在小贾需要帮助的时候，她总会伸出援手。

　　每个人都有陷入尴尬、遇到困难，需要及时救场的时候，这时，如果我们能为他人铺就一条"出路"，就等于给自己留了后路。

在跟他人交往时，要懂得为别人考虑，得饶人处且饶人，不要把对方逼到无路可走的地步。对他人仁慈一些，就是给自己留后路。

还有，我们要端正自己的态度，不要扒高踩低，戴着有色眼镜看人。有些人比较势利，看到朋友落魄就冷眼相待，甚至认为对落魄者投资是无用的，因此面对求助能躲就躲，不愿伸出援手。

这么做是不对的。关键时刻要帮助朋友，因为谁都有落魄的时候，现在落魄不等于永远不济，之后说不定还会大有作为。

再者，我们还要有多在冷庙烧香的见识。平时，有意识地多帮助一些时运不济的朋友，等他们有朝一日飞黄腾达之后，他们通常都会涌泉相报——这么做，也等于为自己留了后路。

做事留有余地是一种豁达、睿智，是宰相肚里能撑船的表现，可以得人心，受到别人的支持。

要想在交际道路上走得更远，给自己留后路是最好的方式。这样，一旦发生不利的事，还会有回旋的余地，不致孤立无援。

第五章
学会拒绝：聪明女人从不把自己置于两难之地

> 不愿意去的聚会，要婉转拒绝
> 谁的钱也不是白来的，该拒绝时别逞强
> 帮忙也要有度，保留住底线很重要
> 给对方戴个"高帽"，同时拒绝请求
> 打肿脸充胖子不懂拒绝，等于害自己
> 想当"好人"，最后只会苦了自己
> 有些"丑话"说在前面又何妨

不愿意去的聚会,要婉转拒绝

女人有着温柔的天性,对一些无理要求倒还可以拒绝,但对于他人的好意,往往就不知该如何处理了。

生活中,我们经常会面对他人的好意,有些会让人很开心地接受,但也有些却不是可以坦然接受的。这时,即使是好意也要拒绝。

比方说,有朋友邀请你去参加周末聚会或者郊外活动,因出自好意,虽然你心里不愿去,觉得会浪费时间,但又担心拒绝后会让朋友心里不好受,只好勉强前去赴约。

其实,如果我们能掌握一些说话的技巧,把拒绝的话说得委婉、动听一些,便能让自己从为难中解脱出来。

毕业多年后,几个同学组织了一次同学聚会,婷婷也很开心地参加了。

重逢之际,大家都很开心,聊天调侃、推杯换盏,不亦乐乎。婷婷并不善饮,但又不好意思推辞同学的热情,就硬撑着一杯杯地喝了。

最后，婷婷喝得酩酊大醉，回家的时候连路都认不清了，幸好有一个同学返回拿外套时发现了她，打了她家的电话才将她送回家。

同学中有一个叫赵莉莉的人，她知道自己不胜酒力，便聪明地在喝了几杯之后，就去洗手间发短信，告诉男友，过半个小时打电话来，然后在接到男友电话时顺水推舟地说："有急事，需要先走一步。"

大家看到赵莉莉着急的样子，就让她赶紧先回去了。

赵莉莉懂得如何委婉地拒绝他人，还能让自己不至于为难，而不像婷婷一样：她不懂拒绝，导致喝得大醉，让自己陷入迷糊境地，还令家人担心。

有些应酬是免不了的，但应酬过多会让人头痛不已。对于那些不必要的应酬，你要敢于说"不"，以便节约更多的时间和精力去做其他更重要、更有意义的事。如果因盛情难却而不忍拒绝对方，别人会误以为你乐于参加，以后再有类似的应酬还会邀约你。

拒绝对方时，要给对方留面子、留退路，给对方一个台阶下。聪明的女人会先认真、耐心地听对方把话说完，当完全听完对方的话后，心里有了应对办法时，再来说服对方就不会使对方难堪了。

想做到委婉地拒绝对方，你可以把拒绝的理由和对他的感谢一起表达。在表示拒绝的时候,态度一定要坚决,同时表达歉意。比如,拒绝邀约时可以这样说:"很高兴你邀请我去参加这次活动,但是,这个周末我答应了我表姐要去帮她选婚纱。非常感谢你的好意,下次有机会我们再聚。"

有时,拒绝别人也不能把话完全说死,你可用拖延法说"不"。比如,你可以这样说:"过几天再说吧,你也方便的时候我们再约。"特别是在商业交际中,要让对方明白:这次拒绝了他,下次还有机会。

只有用妥当的拒绝方式诚恳地应对对方的问题,才能使对方欣然接受。拒绝对方时,态度一定要和蔼,不要流露出不高兴或者蔑视对方的表情。

还有一个最关键的问题,就是要明确地说出事实。要据实言明理由,而不要采取模棱两可的说法——这样会使对方摸不清你的真正意思,从而产生误会和隔膜,导致你们的关系越来越淡。

当女人能把拒绝的话说得八面玲珑时,她就不会陷入两难境地了。

谁的钱也不是白来的，该拒绝时别逞强

生活中，谁也免不了遇到朋友开口跟你借钱的事。遇到熟悉且有信誉的人，而你又有能力去帮助他，借钱当然不成问题。好借好还好说，最怕的就是借钱不还，以后连朋友都做不成了。

早知如此，当初借钱的时候为什么不拒绝呢？

倘若因各种原因不想借钱给对方，你只有学会巧妙地拒绝，才能避免以后可能造成的不愉快问题。

朋友跟你借钱的时候，直接拒绝似乎是很难做到的事。因为感情因素，或因为个性关系，或因为情势所迫，善良的女性常常会违背自己的意愿，而借出自己辛苦积攒的钱。

好朋友借钱一定也是有难处，如果此人信誉一向较好，又是真的遇上了暂时的"财政窘境"，俗话说"救急不救穷"，不妨适当地借给他一些。但是，如果对方信誉不好，或者借钱的目的不明，含糊其词，就要学会委婉地拒绝。

那么，如何拒绝才能既达到自己的目的，又不伤朋友之间的和气呢？

第五章 学会拒绝：聪明女人从不把自己置于两难之地

前不久，在外企工作的宋子霖升职了，收入也大大提高，所以向她借钱的朋友也多了起来。

一些小数目的钱，宋子霖都很爽快地借出了。但是，一些朋友因为想做生意，或者结婚买房买车向她借钱，一开口就是几万，她就非常为难。虽然几万块钱还是能拿得出，但毕竟不是小数目，可不借给朋友，面子上又过不去。

这天，又有一个朋友因为某些原因向宋子霖借钱，数额还不少，她就说："因为我有买房子的打算，钱都存了银行的定期存款，手头余钱不多。这样吧，我先看看我手头上有多少，借给你一些，你先应应急。要不，我再问问我妈有没有余钱吧！"

朋友马上说："哪好意思让你去拿你妈妈的钱？我再问问别人吧！"

宋子霖就这样巧妙地躲过了朋友借钱的事。

不想借钱给对方，又不能直言，不妨用用委婉的招数。当我们用委婉的语言拒绝朋友，显得很婉转、含蓄时，更容易被对方所接受。

比如，你可以这样说："你怎么不早说几天？我手里的余钱上周末刚给父母换了新电视、新冰箱。我真的想借给你，可现在无能为力。"或者说："哎哟，提起借钱的事，我还欠着别人一笔钱没还呢。"

再比如，你可以说："我婆婆生病了，还不知道是什么病，光检查就花了不少。"或者说："我弟弟读大学费用不少，刚给他交了学费和生活费。"

这样说，不容易伤双方的感情。

陈亮夫妇前些年双双失业，就向银行贷了些款做起了小买卖。两人披星戴月地苦干了两年，终于把贷款还清了，生意也做得越来越好，收入颇为可观，生活自然有了起色。

陈亮的老婆小薇，有个老家的邻居兼中学同学叫宋志远，是个游手好闲的人，经常会把钱花在赌桌上或者新认识的女友身上。

前不久，宋志远新认识不久的女友卷了他的一大半钱财跑路了，他就约了几个赌友玩牌发泄一下郁闷，又输了不少钱。于是，他就瞄上了中学同学小薇。

一日，宋志远找到小薇，说："我最近想开个小吃店，手头还缺七八千块钱，想在你这儿借点周转一下，过段时间就还给你。"

小薇了解这个同学的嗜好，知道他说的并不是实情，钱借给他无疑是肉包子打狗。于是，她敷衍着说："好！不过得等一段时间，等我把到期的银行贷款还了就借给你。银行的钱我可不敢拖，越拖越多啊！"

宋志远听小薇这么一说，没办法，也就离开了。

有的时候，可以用一些借口推脱朋友跟你提借钱的要求。比如，你可以这样说："哎呀，你早开口我就能帮上忙了。昨天我邻居家的老人生了病，急需用钱就借给他应急了，现在手头没多少了。这么着吧，等他把钱还给我，我马上借给你。"

不过，有的时候找借口说"我的工资都被父母管着"，只能让对方认为你摆明了不想借钱给他。

所以说，如果你为怎样拒绝借钱而感到犯难的时候，不如直截了当地把你的实际难处说出来，让对方知道你拒绝他的原因是什么，这样，他一定会因此而理解你的。

对于不拘小节、幽默的人，可以用一句玩笑话表明自己经济上不宽裕，比如这样说："你看我的脸干净吧？其实，我的兜里比脸还干净呢！"或者说："我还想向你借钱呢，现在看来也不行了呀。"

朋友既然来借钱，也一定做好了被拒绝的准备。有的时候，你得罪对方的原因并不是你的拒绝，而是你采取拒绝的方式。拒绝的方式得当，既不会伤和气，也能达到目的。女人多学几招，必定能在遭遇尴尬和为难时全身而退。

帮忙也要有度，保留住底线很重要

《闲人马大姐》这部电视剧，相信很多人都不陌生。马大姐是个热心肠，热衷于处理街坊邻里的家庭琐事，并传为佳话。现实中，像马大姐这样的女人不在少数，她们喜欢帮助他人解决一些自己力所能及的事。

乐于助人，这当然是好事。著名心理学家阿德勒表示："帮助他人，才是人类实现自我价值的最佳途径。"

不过，如果为了帮助别人却让自己陷入一种困境，这显然不是什么好事。毕竟，帮助别人需要占用自己的时间，而如果我们从不拒绝求助的话，那么势必会忙得不可开交。

所以，只顾着帮别人的忙，自己的事却做不完，这当然会极大地降低自己的工作效率。当然，不可否认的是，总有一些人会一而再、再而三地央求我们帮忙，甚至有些要求已经违背了我们的原则和底线。

面对这样的人，如果我们不守住底线，依旧毫无保留地去帮忙的话，那么，久而久之，我们就会被贴上这样的标签："他这个人什么忙都帮，以后有什么事就找他！"

第五章 学会拒绝：聪明女人从不把自己置于两难之地

就算是马大姐热心肠、不上班，恐怕也不可能永远帮他人义务劳动而不忙自己的事，更不会帮助一些坏人做坏事。所以，助人为乐是好，但是，我们也要坚守自己的底线，拒绝让别人得寸进尺！

王珊上大学时是学生会主席，很热心帮助同学。毕业后进入工作岗位，她也是如此，很热衷于帮助同事。

这个同事太忙，来不及做计划书，她就帮忙把文本格式做好；那个同事中午加班，没时间吃饭，她也会帮忙带一份饭回来。所以，王珊在单位里有很好的口碑。

这天，一个同事要连夜加班，于是找到王珊说："我手头有个客户的资料需要录入数据库，你看看能帮我一下吗？"

王珊听完，皱了皱眉头，说："咱们公司有规定，客户资料一对一跟进，不能随便泄露。再说了，晚上我也有一件重要的事要忙，这次真不好意思……"

"你怎么这样呢？让你帮个忙，又不是让你干什么……"同事显然有些不高兴。

王珊义正词严地说："真的，这次不是不帮，而是咱们公司有明确规定。你说其他事我推辞过吗？我不能因为帮忙就破了工作底线。"

恰巧，一个职场新人庄羽听到了她们的对话，急忙说道："我没什么事，我来，放心交给我吧！"看见有人主动帮自己忙,同事很高兴,就将资料递给庄羽,自己忙去了。

王珊拉住庄羽,说:"帮助人没有问题,但是,面对有原则的事,你不能就这么……"

庄羽打断王珊的话头:"王姐,你太小心了,没事,我注意点就好!"

看着庄羽,王珊摇了摇头。

没想到,最后的结果还是让王珊给说中了。因为庄羽的粗心,那份重要客户的资料录入错了,她在玩微博时还不慎进行了共享,结果,客户资料被泄露。老板大发雷霆,最后还是王珊求情才让这件事得以解决。

庄羽有些不服气,找到王珊诉苦。

王珊劝诫道:"小庄,你要记住,虽然帮助别人可以让你在单位里有个好名声,但是,底线不能碰!第一,你不能耽误自己的工作;第二,你不能破坏单位的规矩。否则,到头来吃亏的只有你。"

庄羽与王珊相比,显然还太稚嫩。对于帮助别人,王珊能把握好度,既不耽误自己的事,同时还能很好地把握住底线。毕竟,在工作中每个人的职责都是明确的,你没有义务在别人的工作上插手,而且有时候你帮他人了,还会涉及越权的问题,不仅不会得到好处,还有可能会被上司批评。

但庄羽显然没有意识到这一点,结果捅了大娄子。

所以说，助人为乐固然很好，但是，我们也要有底线：帮助是有限度的，我们不能听到对方求助，就立刻放下手里的活儿去帮忙，哪怕明明知道对方的要求是违反原则的。

这就像一个不会游泳的人，听到有人在水里求救，你不管不顾就往水里跳，这不等于寻死吗？但是，这时你也不能见死不救，而应该再寻找他人的帮助。

在职场中，很多女性都是爱帮忙的热心肠，这当然很好，毕竟，乐于助人无论在哪个时代都是值得赞扬的。但有一点需要做到，就是找一条底线，找一个平衡点：在帮助人的同时，也能够根据原则说"不"。

给对方戴个"高帽"，同时拒绝请求

面对他人的请求，想拒绝的时候，女性朋友们不妨试试"戴高帽"的方式——这种方式不仅能达到巧妙拒绝对方的目的，还能不伤和气。

通常情况下，一个人被拒绝之后，心里会产生落差，他会觉得自己的言行遭到了否定，甚至会有一种被遗弃的感觉。这时，他急需一种愉悦的情绪来平衡内心的落差——而如果你在拒绝他之时能够再加上几句赞美的话，那将是非常完美的。

在这个世界上，每个人都渴望受到他人的赞同与认定，即便自己的某些要求被拒绝了，但自己的其他方面受到了别人的赞美，那何尝不是遭受拒绝之后的一种补偿呢？

在生活中，虽然我们都知道拒绝是正常行为，但我们害怕拒绝别人，也害怕被别人拒绝——无论是哪一种，我们都将遭受消极情绪的折磨。在这样的情况下，为什么不能换一种方式拒绝对方呢？

这就好像一个本来看似平常无奇的三明治，中间却加了美味的蔬菜，那该是多大的惊喜！所以，在拒绝对方的时候，我们要善于采用"戴高帽"的方式。

一个周末的上午，加班熬了一个通宵的赵妍还没起床，就被一阵敲门声吵醒了。她很不耐烦地起床后，胡乱穿了一件睡衣就开了门，只见门外站着一个二十岁左右的女孩子，正犹豫着要不要继续敲门呢。

赵妍上下打量了对方一番，发现这个女孩子穿着随意，手提一个纸袋子，袋子上印有"××化妆品"的字样——一看这架势，应该是上门推销的。

赵妍有些不耐烦地说："大清早的，怎么就上门推销东西来了？"

女孩子态度很谦和:"不好意思,姐姐,打扰您了,我是××公司……"

"姐姐?"赵妍看着邋遢的自己,以为自己听错了。那女孩子把自己看年轻了,这种谦逊的态度让她不好意思拒绝,但是,她平时不喜欢上门推销的业务员。她一边听那女孩子介绍产品,一边思考该怎么拒绝对方。

不一会儿,那女孩子就介绍完了产品,然后试探性地问:"姐姐,你平时用化妆品吗?"

果然,马上就转到正题了。赵妍摇摇头说:"我每天这样忙,哪有时间去护肤呢?不过说实在的,我可是很羡慕像你这样年纪的女孩子,皮肤好,身材好——那可是我做梦都想回去的年纪,可惜已经回不去了。"

女孩子害羞得红了脸,说道:"其实,姐姐看起来也很年轻的。"

赵妍笑了笑,说道:"像你这样的女孩子就是好。我的女儿也是你这般年纪,她正在上大学——如果她在家就好了,估计她会对你的化妆品感兴趣。可是,怎么办呢?现在,她不在家,而像我这样的老太婆,已经用不着化妆品了——要不等我女儿放假回来,你再来上门推销,好吗?"

没想到这样一说,那女孩子一点也不失落,反而很有礼貌地说:"不好意思,姐姐,打扰你了,再见!"说完,就告辞了。

在这个案例中,赵妍本想赶走上门推销化妆品的女孩子,但看着对方态度谦和,又不忍心直接拒绝。

怎样拒绝对方才不至于让对方难堪呢?她打量了那个女孩子以后,发现对方跟自己的女儿差不多大,于是,她先是赞美了对方值得羡慕的年纪——这样"戴高帽"立即给对方带来好心情,然后再找理由适时地拒绝了对方。这样的方式也就令对方很容易接受了。

这是"戴高帽"的好处:

一、让对方产生优越感

"戴高帽"其实就是赞美,或者说夸赞——这在无形之中会将他人的地位抬高,让他人产生一种优越感。因此,这能有效地弥补其遭受拒绝之后的心理落差。

二、容易让对方满足

人总是这样,当他拾了一个苹果时,即便他已经丢了一个橘子,他的内心还是会非常愉悦——他们总是看重眼前的东西,总是容易满足。

因此,当我们不得不拒绝他人所提出的要求时,若适时地说几句好话,一定会让对方乐意接受我们的拒绝的。

打肿脸充胖子不懂拒绝，等于害自己

"人要脸，树要皮。"这句俗话我们一点都不陌生。

对于很多男性而言，有时候为了面子，在朋友面前不免总会摆出一副这样的姿态："没问题，老弟你说的事就是我的事！""这事交给我，肯定能办好！"而我们也发现，现实中很多女性也越来越注重面子，喜欢在朋友面前逞强——就为了给朋友留下一个好印象。

拒绝，似乎成了我们字典里从未出现过的名词一样。

现在的女性朋友，为了闺密也会好人做到底，这当然让人敬佩。可是，如果自己明明没有那份实力，却依旧对朋友的求助有求必应，这是一个成熟的人应有的行为吗？

此时，你也许会抱着自己的观点毫不妥协，那么，就先看看下面这个案例吧。

小玲有一个闺密叫赵芳，是某酒店用品公司的老板。赵芳想扩大生意，她决定与一家酒店商谈搞合作。而小玲恰恰就在这家酒店工作，于是赵芳自然找到了这个好闺密。

然而，赵芳不知道的是：事实上，早在年初，小玲就因为与领导出现摩擦，辞职离开了这家酒店。

不过，当小玲看到闺密因为这件事找到了自己，还一直给自己"戴高帽"，因此，她肯定地说："放心，你的事就是我的事，我一定给你办好！"

"小玲啊，我不勉强你。因为我的公司是新公司，谈判的主动权不大，实在不好做你可别为难自己——有什么问题就跟我说，大不了咱们再想别的办法。"

听到赵芳这样说，小玲反而更加觉得要维护自己的形象了："看你说的，我怎么说也是这行的老人了，也做过这家酒店的中层，这事你就放心吧！"

第二天，为了赵芳的这件事，小玲开始忙碌起来。但结果可想而知：一个已经离职的员工，并且还与领导发生过争执，怎么可能谈成合作？一转眼半个月就过去了，但小玲这边还是毫无进展。

这天，赵芳给小玲打来电话，咨询相关事宜，并再次强调："如果不好办就算了。"小玲意识到，如果这个时候放弃了，那么，自己的面子无疑丢大了。可是，该如何进行下一步的操作呢？小玲陷入了迷茫。

没想到过了两天，她的一个前同事告诉她，酒店可以与赵芳签约，但不是总经理出面，而是他本人。因为，赵芳只是小客户，不值得总经理亲自出面。

听到这个消息,小玲异常兴奋,立刻通知了赵芳。几天后,赵芳与小玲的前同事签订了采购合同,并交付了一年的服务费。

当天晚上,赵芳邀请众多朋友聚会,并在聚会上多次赞扬小玲办事稳妥。直到这时,小玲依旧没有告诉闺密她早已辞职了。现在,她已经陷入了朋友的赞美中无法自拔。

然而,让小玲没想到的是,兴奋了没两天,一盆冷水从天而降。

过了一周,赵芳去酒店咨询采购的相关事宜,结果却发现,酒店并没有跟她签约!

"我们公司有明确规定:对于企业客户,必须由总经理亲自签署合同。你的这份合同是假的,并且,和你签约的那个人上个月刚刚辞职。还有,小玲已经离职半年多了,根本不是我们的员工!"在总经理办公室内,赵芳得到了这样的答复。

赵芳一下子蒙了,她急忙联系小玲的前同事,却发现早已下落不明。一怒之下,她与小玲断绝了朋友关系。一向爱笑的小玲,再也笑不出来了。

想想看,现实中像小玲这样的人还少吗?面对闺密的请求,为了让对方高看自己一眼,我们不假思索地答应,却根本就没有想一想:自己有能力解决问题吗?如果解决不了,又有什么办法去妥善处理?

如果答案是否定的,依旧想着为了闺密赴汤蹈火,那么,结局一定如小玲一般狼狈。

为了给他人留下好印象,硬着头皮答应下来,这是很多女性在与朋友相处时都会选择的行为,但随后却丢失了内心的快乐,这是很多人都没有想到的结局。

拒绝,真的那么难吗?当然不是。但是,为了撑起自己的形象,打肿脸充胖子,结果却会害了自己。

也许我们都会把这种行为贴上"卖力不讨好"的标签,甚至抱怨朋友"不够义气",但现在平心静气地想一想:像小玲一样,如果第一时间告诉朋友自己的现状,明确告知自己的确无法做到,那么,朋友又怎么会平白无故地受损失?

办不到,只是因为暂时能力不足。但办不到却不拒绝,那么只能给朋友留下这样的印象:人品有问题!

每个人都想让自己的形象高大,这是人之常情。但是,凡事不能做过头,不然,真正的形象保不住不说,还会给自己带来啼笑皆非的难堪。

所以,在面对朋友提出一些你无法做到的要求时,与其死要面子说大话,硬帮忙,倒不如跟朋友说明情况,婉言拒绝——这样,反而会让朋友理解你的难处,并钦佩你的为人。

当然,在拒绝的方式上,我们不妨下点功夫:

一、给对方提一些建议

在拒绝朋友的同时，我们如果能够给对方一些建议，那么，这就会冲淡我们之间有可能产生的不愉快。例如，你可以说："这几天我的确脱不开身，实在没办法。但是，我知道有一份资料可能会帮上你的忙，这个资料名叫……"

这样的话，对方不仅会接受你的拒绝，还会因为你的建议对你产生感激之情。

二、拒绝别太生硬，让对方理解你的苦衷

拒绝别人时，最忌讳的就是你以一种冷冰冰、机械化的口气说："不，我没办法！"这样做，不仅会大大伤害对方的感情，甚至让对方嫉恨你。

想要婉拒对方，那么，我们就应该按捺住内心的冲动，用一种较为缓和的语气表述。例如，一个朋友想找你帮忙，你应该让他理解你的苦衷，用无奈的语气说："姐们儿，真是不好意思，虽然我很想帮你，可是，我现在正被公司的一个新项目搞得头昏脑胀，所以你看……"

与此同时，你最好配合一定的手势和表情，将这份无奈体现得更加淋漓尽致。这样一来，朋友即便再想麻烦你，也不得不选择放弃。

想当"好人",最后只会苦了自己

大多女性朋友都希望成为好人,脾气好,说话好,办事好——这样,她们才会显得有修养、有气质。

"好人",成了很多女性朋友身上最大的标签,久而久之,她们也习惯了。所以,当她们听到有朋友、同事向自己求助时,第一时间想到的就是:"我要是拒绝人家的话,肯定会让人家觉得不舒服。并且,我平常也是经常帮助人的,所以只能帮!"

诚然,这样做你是当了"好人",可事实果真如此吗?

也许,某一件事早已超出你的能力范围,但你不得不硬着头皮去完成。为此,你不仅要拉下面子再去求助他人,还要花费大量时间,结果到头来只落下个"好人"的口头奖励,却把自己折腾得够呛。

更有甚者,因为不想伤害别人,结果给自己的身心都带来巨大的伤害。

小周和小方是公司里两个年轻的销售员。做销售工作,不免要经常和客户打交道，有时候还要喝酒，久而久之，这两个年轻人的身体都出了点问题。

医生嘱咐他们，不要再喝酒了，否则，接下来会产生更多的健康问题。

随后的时间里，小周开始喝酒少了，如果可以拒绝，他尽可能不喝。前段时间，他这样拒绝客户："诸位仁兄还不知道吧，我家里的那位可是一只河东狮，我要是这么酒气熏天地回去，万一她'河东狮吼'起来，我还不得跪搓衣板啊？"

这么一说，客户觉得他很可爱，就自然不再劝酒了。

而这段时间，他又换了一个说法："诸位老板，最近实在不能喝了，我结婚都两年了还没要孩子，老婆要跟我闹离婚呢！等我老婆怀孕了，我再陪大家好好喝！"这样一说，大家哈哈一笑，不再继续勉强他。

但反观小方，他却依旧故我，总是会陪客户喝到尽兴。有时候，他也会说上几句推辞的话，但说得毫无底气，结果还是被灌得烂醉。

有一次，他执意不喝，结果对方非常不高兴："小方啊，你说你一个年轻人，喝酒怎么老是推三阻四的？我看，你这是不给我面子啊！"

其实，对方只是说了一句玩笑话，但小方却吓得慌了神，端起杯子一饮而尽。

总是频繁喝酒，让小方的身体和精神都濒临崩溃。终于，有一天他因为喝酒导致得了急性肠胃炎而住院。躺在病床上，他才对自己这两年来的做法感到无比懊悔。

就是因为怕伤了别人的面子，所以小方对酒是来者不拒。结果，他把自己送进了医院。而小周却可以在拒绝客户的同时，依旧能够与对方谈笑风生。

所以说，害怕因为伤害对方而不懂拒绝，是大错特错！

事实上，人是很复杂的高级动物，用一种固定的态度来应对所有事，显然是有悖常理的。想想看，当我们求助别人时，是否也曾被拒绝过？那么，我们是否因此感到了什么大的伤害？恐怕我们能够想到的少之又少。

所以说，因为害怕伤害对方而不敢拒绝，这只是一个心魔，一个一击即碎的心魔罢了。当然，也许你会说："可我拒绝人家了，对方为什么显得很不高兴？"

看看小周吧，为什么他的拒绝能够被客户接受？很简单：我们要做的不是生硬刻板地拒绝，而是给拒绝找个合适的理由。

想想看，那些在生活中拒绝过你的朋友，是不是也是如此？有几个人会生硬地说"帮不了你"呢？所以，驱散心魔是为了敢于拒绝，而给拒绝找到合理的理由，这是关键所在。

当我们可以在谈笑风生中拒绝对方，并且赢得对方的认同和会心一笑，久而久之，我们就有了敢于拒绝别人的自信，这时候我们还怕什么？

那么，我们就要找到合理的方法，破解自己的"心魔"。下面三个方法，在拒绝对方时可以不伤害对方。

一、提前做好预备

如果在对方开口之前，你已经了解了对方想要求助的内容，这时候你不妨先发制人，让对方根本无法开口。你可以说自己接下来有要紧的事要忙，或者表现出自己也遇到了麻烦的意思。

例如，你得知一个朋友抽不开身要找你帮忙买火车票，不妨在他开口之前先说："我今天有一件紧急的事要去办，估计回来就到半夜了。我先不和你聊了，事情比较急！"这样一来，朋友自然理解你的难处，不好意思再找你帮忙，只能另想他法了。

二、找出替代方案

在拒绝别人的同时，如果我们可以提出替代方案，那么，这同样能够让对方轻松地接受。

例如，朋友因为三缺一邀你一起打牌，这时你不妨说："真不好意思，我今天有件要紧的事要去忙，临时调整的话恐怕来不及了。明天吧，明天我倒是没问题。"这样，你就不会伤到对方了。

三、拒绝的借口一定要周密

有时候,我们不得不用借口来拒绝别人。这本身无可厚非,但需要注意的是,这个借口一定要周密,切莫弄巧成拙。

例如,你正和朋友聚会,想要提前走,便找借口说另一个朋友找你有事——偏偏另一个朋友也在这家饭店吃饭,这就很不好了。

所以,我们在找借口时要尽可能想得周密一点,最好以对方不认识的人做挡箭牌。这样一来,可以让对方更加信服;二来,对方也无从辩驳。

如果第三方是对方认识的人,也不要紧,因为你可以提前和第三方打个招呼,说明具体情况,以免将来产生不快,把两方都伤害了。

总而言之,你要敢于说"不"。

首先,你要摆脱"拒绝会伤害对方"的心态,正视拒绝的必要性,这样,我们才有敢于说"不"的勇气。

其次,你要掌握一定的技巧,给拒绝找个理由,这样才会让对方心服口服。很多时候,我们与对方起了摩擦,并非因为拒绝本身,而是因为我们的理由不得当。唯有采取合理的理由去拒绝,我们才会避免麻烦。

有些"丑话"说在前面又何妨

女性朋友在交际中大都以和为贵,彼此尊重,互相体谅,尽量不说"丑话",因为大多女性都在学习当一个淑女。这就造成了一个困扰:别人提出要求,自己担心做不好,应当拒绝而不懂得拒绝,也不会把心里话说出来。

其实,在必要的情况下,我们完全可以把"丑话"说在前头,给对方一个心理准备,让对方有所察觉。如果忽略了这些,以后出现麻烦就说不清道不明了。

很多时候,说"丑话"不是为了让别人难堪,而是为了提前达成"君子协议",在彼此清楚对方现状的情况下往来,目的就是为了减少不必要的麻烦。

杜文是一个长得非常好看的姑娘,但她的外号却是"丑小姐",这是为什么呢?这是因为杜文在跟他人交往时,有什么事都会提前说,不会等不愉快发生了之后再说。

"小文,有些'丑话'你没必要提前说,很多时候别人听了会不高兴。"有个朋友不理解杜文的行为,认为她不但多此一举，还容易得罪人。

"我不觉得那些丑话有什么不好，也许不是很好听，但都是必要的大实话。"杜文认为，这样做才是对的。

有一次周末，同事家里有事，来跟杜文借车。

"小文，我家的车坏了在修，我想跟你借车用用可以吗？"同事询问道。

"当然可以，你需要借几天？"

"大概三五天吧。你这两天用车吗？"同事怕自己借走太长时间，耽误杜文用车。

"我暂时不用。"杜文开玩笑似的说，"我这车子用的时间长了，发动机不怎么好用，而且容易熄火，你要注意点，万一误事了可不要怪我啊！"

同事早就习惯了杜文的说辞，说了感谢的话就直接把车开走了。

同事开车回乡下老家，结果路不好走，途中还下起了雨，车子陷入泥坑怎么也出不来。车子加大油门时，发动机忽然熄火了，怎么也打不着火。

"杜文的车是什么破车啊？真倒霉。"同事一家连声抱怨。等雨停了，他们才找人把车修好。

同事还车时满脸不高兴，杜文说："我早跟你说过了，你还坚持借车，这可不能怪我。"

同事一想，是这么回事，再也不好说什么了。

如果杜文没有把"丑话"说在前头,同事经历了淋雨事件后肯定会责怪杜文把有毛病的车子借给了她,她难免会心生不满,影响彼此之间的关系。现在,同事虽然不高兴,但也怪不到杜文头上,毕竟她已经提醒过了。

女性朋友在交际中维护好人际关系,就维护好了自己的利益。在交谈中面对利益问题,我们也可以要求得到适当的好处,不妨大胆直言,不要因为不好意思,就把什么都藏在心里——只要"别人明白了就好"还不够,很多时候把话说出来才可靠。

"这怎么好意思说啊?""说了别人会不会生气啊?"有些女性朋友在跟人相处时总抱着这种心理,宁愿自己心里苦,也不说"丑话"。事实证明,如此下去,你的心里只会越来越苦,得到的也会越来越少。

说"丑话"是有原则的,不到必要时不要随便开口——如果非要说"丑话"不可,就一定要好好说,不怕得罪人。

要想说好"丑话",就必须对其有正确的理解,因为跟别人坦白自己的想法,是一种很自然的行为。

每个人都有自己的苦衷,都有适当的需求,不能为了维持关系就一再委曲求全,不提前说"丑话"。若如此,必然会一事无成,心中的不平也会加深。

尤其是在涉及利益或责任问题时,一定要把"丑话"说在前头。很多朋友都因为利益问题发生过纠纷，结果不欢而散，大都是因为之前话说得不够透彻，之后才会一直出现矛盾、麻烦。

责任也一样。一旦需要负责时，如果没有提前说"丑话"，我们本能地就会开始推诿，甚至撕破颜面，老死不相往来。仔细想想，这是比说"丑话"更糟糕的后果。

说"丑话"的方式有很多，掌握技巧后，"丑话"也可以说得很好，能让别人甘愿接受，甚至甘之如饴。

说"丑话"时，首先要注意自己的语气，不一定要一本正经——相反，完全可以用开玩笑的语气跟对方说，既轻松，又能达到目的。

刘丽是个大大咧咧的女孩子，做什么事都很粗心，经常丢三落四，用她妈妈的话来说就是："你什么都能弄丢，就差丢自己了。"

朋友都知道刘丽的性格，很多时候都不敢找她帮忙。

有一次，刘丽跟一位朋友借一本书，朋友开玩笑似的跟她说："丽丽，这本书可是签名收藏版的，你要好好保管。要是弄丢了，你可要赔我！"

刘丽认真记住了，笑着保证自己不会弄丢。

朋友用玩笑的方式把"丑话"说在了前面，刘丽不但没生气,还用心记在了心里。这就是好方法起到的好效果。

在说"丑话"时要说清楚前因后果,让对方知道这么做的好处和不这么做的坏处,从而在心理上接受你的"丑话"。

有些女性朋友一开口就是"丑话",其他话什么也不说,这样很容易让对方心里不舒服。在说之前,多下功夫,跟对方解释清楚,尽量把后果说得严重些,让对方重视。

在跟敏感或重要的人说"丑话"时,语气要诚恳、委婉,如果说重了,对方会承受不住或者对你不满。在必要时,要把自己放低,抬高对方,这样对方就会容易接受了。

必要时,把"丑话"说在前面就等于打了预防针,既能让对方做好心理准备,又能维护自己的利益,避免承担不必要的责任,减少事后的麻烦。

第六章
抓住人心:赞美永远是一件快乐的事

> 赞美说在点子上,才能体现出你的技巧
> 用心观察,每个人身上都有值得赞美之处
> 拍马屁也是一种赞美,不过要做到含蓄
> 女性爱美,更爱被人赞美
> 赞美是打开人心的钥匙
> 批评也可以说得和赞美一样动听

第六章 抓住人心：赞美永远是一件快乐的事

赞美说在点子上，才能体现出你的技巧

大家都喜欢听赞美之词，但如果赞美之词流俗了，就会显得苍白无力，不仅达不到期望的目的，反而会收到相反的结果。

举个例子来说，人们赞美某行业工程设计师，不论在专业方面怎样赞美他，也只是赞歌中的同一支曲子，不会有好的效果。这时，你不妨换个花样，从其他方面入手，比如赞赏他几过家门而不回，赞赏他们夫妻的感情专一——这等于在赞词中增加了新内容，他自然会感到无比满足。

一个女孩到同学家去玩，见到同学的哥哥后，她上来就"套公式"："大哥你好，见到你真高兴！你的大名如雷贯耳，真是百闻不如一见！"

没想到，对方脸红到了脖子根儿。原来，她同学的哥哥因喝酒产生口角之争，进而打架被拘留了15天，刚放出来。但是，这个女孩子不明情况就恭维了人家一番，却无意中揭了对方的伤疤。

称赞别人出彩，就要说在点子上，像上面那个女孩的恭维话，就非常不可取。如果她能把话说到点子上，并且能让自己的赞美推陈出新，就会让对方感觉到舒心。

大家都知道，空姐既长得漂亮，工作又热情周到，所以，她们平时听到乘客对自己容貌和服务方面的赞美太多了。

有一次，一位先生在下飞机时，很激动地对空姐赞美道："我在国内外坐了这么多次飞机，第一次遇到对我们这么友好、周到的服务小姐。"

这位先生没有称赞空姐漂亮，也没有称赞其服务水平有多高，而是换了个角度进行夸奖，可谓别出心裁。

夸赞人也得变点花样，赞人所未赞，而又绝非空穴来风，方能显出赞美者的眼光独特和与众不同。"喜新厌旧"是人们普遍具有的心理，所以，陈词滥调般的赞美只会让人感觉索然无味，而新颖独特的赞美则会令人回味无穷。

每个人都有一技之长，大家往往都很容易发现这一点，所以赞美其专长的人也最多。时间长了，被赞美的人听得都腻了，所以会对这方面的赞美非常反感。常言道：好话听三遍，多了鬼也烦。

赞美他人时，如能变点花样，在赞美词的运用上攻其不备、出其不意，绕过对方关注的但又不是专长的方面进行赞美，往往能使对方喜出望外，从而收到意想不到的效果。

在某些方面有所成就的人，比如科学家、演员、作家，他们在各自的领域里都颇有建树，而他们所听到的赞美声也就会不绝于耳。因此，我们不妨另辟蹊径，比如赞扬他们和谐的家庭，漂亮的衣着、打扮，亲切的微笑等，这肯定会使他们备感喜悦。

在一次写作交流会上，一位资深作家被人赞美道："您真是了不起，写了那么多精彩的文章，大家都觉得只有您的作品是最值得我们拜读和学习的。"

作家听了这样的话，脸上露出淡淡的笑，没有更多的表情。因为，这样的称赞再平常不过了。

席间，来了一位女记者，她主动伸出一只手跟作家握手，用另一只手指着作家修剪整齐的胡须说："您的胡须真是与众不同，很有品位，且非常有魅力。"

女记者的话刚一出口，作家就露出了喜悦的神情。因为这胡须是他特意留下并精心修剪打理的，但很少有人对他说这样的话。女记者这么一夸，刚好夸到了他的心坎里，他自然喜上眉梢。

后来，女记者对作家进行了独家专访，过程进展得很顺利。后来两人还成了好朋友。

我们在日常交往中应该注意观察，并且深入挖掘对方的优点，只有这样，我们才能让赞美有新意，让自己的口才能够从众人中凸显出来。

赞美要有新意才会招人喜爱，才能让受赞美者听了感觉受用。陈词滥调每个人都会背，所以这样的赞美常常会引起他人的反感。要想引起对方的注意，让对方认同自己，必须使用别具一格的赞美。

人生是一个不断成长、进步的过程，我们的口才也是如此，只有不断变换花样，说具有时代感的赞美之词，才能给对方一种耳目一新的感觉，并真正打动对方的心。

陈词滥调都是些过时的话，没有人会喜欢那种老掉牙的赞美之词，所以，我们只有说出让别人感到新鲜的赞美之词，走进对方心里，让对方感觉到你内心的真诚，才能让我们达到自己的社交目的。

用心观察，每个人身上都有值得赞美之处

美国有一名学者说："努力去发现你能对别人加以夸奖

的极小事情，寻找与你交往的那些人的优点，那些你能够赞美的地方，要形成一种每天至少五次真诚地赞美别人的习惯，这样，你与别人的关系将会变得更加和睦。"

在日常交际中，女性朋友们要想建立良好的人际关系，恰当地赞美他人是必不可少的。

事实上，每个人都希望自己被别人赞美，尤其是女性，她们非常渴望得到他人的肯定。但是，由于人与人之间交往的时间并不多，而且，人们普遍不善于去发现他人值得赞美的地方，于是，很多时候就会出现一些问题：要么赞美不当，要么缺少赞美。

其实，只要我们用心观察就会发现，每个人身上都有值得我们赞美的地方。有的人很聪明，有的人很友好，有的人善良，有的人很有品位……

我们要明白，即使一个人的缺点很多，但是在他身上依然会有闪光点，而我们要做的就是去发现对方的闪光点，再逐一去赞美这些闪光点，这样就能很好地打动对方。

这天，营业员小李临柜，一位中年男性储户递上了一张五万元的国债存单，说道："我的国债到期了，看能不能再买点？国债利息高又保险，国家信誉嘛！"

小李夸赞道："先生，您的理财意识很强啊，很有经济头脑。不过，现在这种国债代理业务已经过期了，我们近期代理的是人寿、太平保险，这个险种卖得可快啦！"

中年男人问道："我家有五口人，我、爱人、女儿、儿子、母亲。我特别惦记我那六十多岁的老母亲，想给她买份保险，你给参谋参谋。"

小李马上说道："您这份孝心真难得，我给您推荐太平盈利保险：投保年龄是65周岁以下，正适合您的母亲；年利率2.25%，如果投保人意外身故，可以获得两倍的保险金。"

小李进一步介绍道："您的儿子、女儿将来要外出上学，您和爱人又年富力强，建议买分红型的，每月可以分红。如果发生意外身故，三倍返还赔偿金，另外赠您一份学生平安卡。"

中年男人有些顾虑："我先回去想想，时间不早了，还要赶回学校做饭哩！"小李心想，如果客户临时变卦，把钱转存到其他银行咋办？于是，她赶紧问道："您在哪所学校做饭？"

中年男人回答说："二中。"

小李马上接茬道："我们营业所主任的孩子就在你们学校，一直夸食堂饭菜好吃，原来是出自您的手呀！"

中年男人听后睁大眼睛，兴奋地说："真的吗？学生都夸老师好，没想到还有人夸我这个做饭的，谢谢了！对了，你抓紧给我说清楚一点吧，我现在倒也不着急这几分钟。"

小李又详细地解释了一番。

中年男人笑了:"现在我明白了,买保险就好比买雨伞,平常不用,下雨有用。"

小李夸奖道:"您的比喻可真恰当!"

这时,中年男人很爽快地填单,然后将五万元全部投保了。

在整个交谈过程中,小李不断地进行赞美,而且每一次赞美都是有根据的,并不是泛泛之说,这样的赞美之词顾客听了怎能不喜欢?

此外,小李可谓是一个善于发现别人优点的人,而同样面对顾客说的话,其他人就不一定能发现值得赞美的地方了。小李正是凭着敏锐的眼光,发现了顾客身上那些值得赞美的地方,才如愿地打动了原本犹豫不决的顾客。

因此,在生活中,我们要善于去发现他人身上值得赞美的地方,发现了就要大加赞美,这样,我们才能打动他人的心。

一、从细节处赞美

有经验的人往往能抓住某人在某方面的细节巧言赞美,这样就很容易赢得对方的好感。因为对细节的赞美,不仅会给对方带来心理上的满足,还会增进彼此的心灵默契度。

你能观察到对方尚未被发现的细节、优点,就表明你的赞美是发自内心的，如此自然而又真诚的赞美足以打动人心。

二、发掘他人身上的闪光点

每个人都有自己的长处，赞美他人的时候，关键在于你是否能"慧眼识珠"，发现对方身上的闪光点。有的人常常埋怨别人身上没有优点，不知道该赞美什么地方，其实这恰恰说明了你缺乏发现闪光点的能力。

三、赞美的角度要新颖

前面说过，每个人都有优点，我们除了要独具慧眼，善于发现对方身上的闪光点外，对他人的赞美还要尽量选择新颖的角度，因为只有这样才能达到事半功倍的效果。

恭维也是一种赞美，不过要做到含蓄

英国《新科学家》杂志做过一项有趣的研究，当时访问了包括灵长类专家在内的动物学家，结果得出这样的结论：办公室的确犹如丛林，要想在办公室很好地生存，必须谨记一些金科玉律，其中之一就是需要对老板溜须拍马，这样做就会得到奖赏。

恭维历来被人诟病，却一直盛行不衰。在人的一生中，没有一次恭维的行为几乎是不可能的,因为恭维会迅速获得他人的好感,从而建立良好的人际关系。

曾仕强一语道出了恭维的意义和玄机:"我们不能拍马屁,一味地讨好别人而不顾客观事实,但我们可以创造很浓厚的马屁味道。简单一点说就是,如果每个人都知道你在拍马屁,那你就不要拍;但你拍得好像没拍一样,那就去拍。"

马屁一定要拍,但不能拍得太明显,太露骨,太离谱。拿捏恭维的程度十分重要,那就是:最好的恭维是听不出来的。这里对恭维提出了较高的技术要求。

其实,人际交往本身就是学问,而恭维作为人际交往的一部分,尤其值得琢磨和研究。恭维拍得得体、有用的人,往往具有较高的情商。

情商,简单来说是一种体察他人情绪的能力。所以,情商高的人,可以更快地读懂别人的内心,从而迅速做出合适的恭维。

我们知道,人与人之间的智力水平差不了多少,而进入职场的女性,少不了聪明、睿智,少不了学识、修养,但是,聪明和学识对她们前途的影响却远远比不过情商。

"锐气藏于胸,和气浮于脸",在职场中,大家更喜欢那些办事精干、为人体贴的女同事,她们不但不把精明写在脸上,而且时常会给人送去问候和关怀。你可以说她们势利,但绝不会讨厌她们。

《红楼梦》中,湘云给人的印象是生性开朗、心直口快,深得贾府上下的喜欢。湘云是贾母的内侄孙女,由于她父母早亡,跟着叔婶生活,而叔婶又待她不好,所以她会经常到贾府小住。

可贾府的环境是相当复杂的,在那宏伟的外观之下,人与人之间表面上看似无事,其实背后暗藏了许多玄机——在这样的环境中,湘云不可能靠天真和不谙世事生活下去。

初到贾府,首先要做的是拉拢人情。对此,湘云早有准备。

湘云从家里带来了四枚绛纹石戒指,这些可不是随机发放的,她心里早有安排,最后分别给了袭人、鸳鸯、金钏儿和平儿四个丫鬟。

看看这四个人的主子——宝玉、贾母、王夫人、王熙凤,他们是整个贾府的权力代表,掌管着贾府的人事任免和财物支出等重要事情的决策权。由此不难看出,湘云的送礼是颇有心计的。

由于条件有限,湘云没有贵重的礼物,所以给这四个丫鬟送点小礼物,表面上的意思是联络感情,更深层的意思是:如果湘云以后遇到什么难处,这四个人都能在自己主子面前替她说话。这才是湘云最根本的目的。

第六章 抓住人心：赞美永远是一件快乐的事

其实，湘云这样的做法不过是出于一种人性的本能，并不代表她生来就是一个精通世故的人。

每个人处在陌生的环境下，都会想办法为自己寻找靠山，来保护自己不受到伤害，更何况湘云家道败落、无依无靠，她就更需要为怎样在贾府中生存，怎样寻求帮助动点心眼儿了。

适度恭维，总会令人开怀展颜，从而获取好意与帮助。女性在职场中生存，就该有眼力，知道如何去恭维——一味地清高孤傲，不与他人交往，不懂讨好上司，恐怕很快就会出局。

每个人在内心深处都渴望得到他人的肯定和尊重，尤其是在竞争激烈的职场，上司为了鼓励下属多干活儿，可能会经常说一些激励人心的话。可是，作为上司该从哪里汲取动力呢？这时，聪明的下属不妨多肯定几句，多赞美几句，从而满足上司的心理需求。

恭维就要多用赞美之词，更要懂得欣赏别人的长处。每个人都有长处，关键是如何通过欣赏长处使对方了解自己的品位，提升自己在他心目中的地位。

最近，公司老板的行政助理去美国探望老公了，因此，多数同事都认为老板的秘书于珊珊会被提拔为新的行政助理。可出人意料的是，一个进公司只有三个月的前台接待文玲犹如一匹黑马击败了于珊珊,登上了行政助理的宝座。

于珊珊很不服气,认为文玲没有什么能力,是完全靠恭维上位的。

其实,文玲很会"来事"。老板是个五十多岁的中年女人,梳妆打扮很不在行,一次在披散开的头发上别了一枚红色发夹。当时,公司里的女同事都觉得好笑,认为这种打扮实在老土,忍不住窃窃私语。

可是,文玲却没有说笑,而是站出来对老板说:"人的气质好了,怎么打扮都好看。老板,您的发质很好,肤色又白,我觉得把头发盘起来肯定更有韵味。正好我刚学了几个月的美容美发,不如帮您换个发型吧。"

老板听了大喜,连忙请文玲为她梳头。

这件事后,文玲与老板的关系迅速升温,她们经常在一起闲聊。

又有一次,文玲对老板说:"您独自一人在上海工作和生活,孩子和老公都在广州,真是不容易。可是,我们办公室的这些女士,她们宠着老公、孩子,一下班就急着回家做饭。女人和女人,真是不一样啊!"此言一出,又令老板开颜,共同感叹了一番。

于珊珊之所以不服气,是因为觉得文玲缺乏能力,可她没想到,文玲恭维的功夫就是一种能力——从她与老板的交谈中可以看出，她熟知老板的个性，揣摩透了老板的心思，这一切难道不正是一名助理该了解的吗？

相比之下，于珊珊除了业务能力外，与老板之间显得较为陌生，不能设身处地地为老板着想，这样的人只能算是业务精英。

所以，恭维是一种交际沟通的需要和能力。恭维到位了，对方感觉舒服了，会使女性在职场中轻松占据有利地位，甚至化腐朽为神奇。

在职场中生存，服从命令是天职，因此，不要用"我看不惯"等理由拒绝提高自己的沟通能力——相反，不仅要学会恭维，还要恭维到位。

很多女人不敢恭维或者不会恭维，就是因为害怕被人戳脊梁骨，戴上"马屁精"的帽子。其实，恭维如果真的被人嘲笑，上司也不会高兴。

恭维一定要注意场合，最好不要在大庭广众之下大献殷勤，应该含蓄一点，语言尽量平淡，但每句话都要说到对方心坎上。

女性爱美,更爱被人赞美

社交语言中离不了"赞美"二字,女性爱美,更爱被人赞美。当被别人赞美或恭维时,惯常的反应是立即表示谦虚,以换回对方更好的印象。

谦虚使人进步,这没有错,可是,在社交中面对他人的赞美和恭维时,谦虚有时不但换不来对方对你的好印象,还会令对方不舒服。

这是由于女性过分自谦了,会折射出内心强烈的自我意识,也就是说,她们表面上是谦虚,实际上对人际交往有着深深的不屑。或者说,她们看透了人心,有着更深的不安感。

潇潇出生于高干家庭,本人又精明能干,从小到大,她听多了他人对她父亲和她的恭维之词。所以,她变得十分理性,每每听到赞美之语,第一反应就是探究背后的真相:他到底为何称赞我?有什么目的吗?

这种理性的反应令她无法正确对待他人的赞美,她也就从没有真正地享受过赞美。

当然，这种态度注定使她很难交到真心朋友，在交际中她也常常会感到不舒服。

所以，面对他人的赞美和恭维，如果不想拒绝对方，就不要过分自谦——恰当的做法是，以谦虚的态度表示接受。

或许，来自别人的赞美不够真诚，但请记住：这是场面话，你要学会适应它。

交际离不开场面话，比如，别人见到你会说："你今天的气色不错啊！""你的这件上衣很好看。"你在高兴之余，难道一定要去追究这些话的真假吗？

有些人的赞美，很多时候只是为了展开话题，活跃气氛，拉近与你的关系。谦虚地接受别人的赞美，表现出感激之色，那么，你们就可以进行下一步的交流了，而你们的关系也会迅速升级。

所以，当他人称赞你的穿着得体时，你完全可以开心地笑笑，并说："谢谢。"当然，穿着是否真的得体已经不再重要，重要的是，通过这句赞美，你们彼此表示出了对对方的认可。

兰兰是个非常认真的女孩，对人对事都有较强的原则性，所以对他人的赞美总是心怀挑剔。比如：男同事夸她漂亮，她想到的是不是他有什么不良企图；女同事夸她的老公体贴，她又觉得别人太关注自己的家庭。

总之，对于他人的赞美，她总以评判的眼光去看待。

如此敏感地对付赞美，除了令自己心情忐忑外，还会让对方的好意落空。别人的赞美，有时不只是场面话，也可能出自真心，对你由衷地表示赞扬。比如，你帮助了别人，他们非常真诚地表示感谢。

这时，女人接受了对方的感谢，可以说："我很高兴能帮到你。"也可以说："能帮上你，我很自豪啊！"这样的话语会让对方感到舒心，使你们的关系进一步加强。

有些女人担心这样做会显得不太谦虚，于是，她们会说："这样的小事，不值一提。"有时还会说："不用谢，这是我该做的。"

这些话确实足够谦虚，但是，对方听了会是什么感受？他可能感觉你并不太在乎他，而且对他的能力表示怀疑，甚至有种越俎代庖的感觉——本来帮了别人，却给人压力，这真不是聪明的社交策略。

对于女性来说，赞美有时候就像带刺的鲜花，不小心会扎伤手。因此，要想正确地接受别人的赞美，就该学会拔掉这些"刺"，使自己更舒服地享受赞美，改善人际关系。

女性首先要做到的是，不要为赞美感到不安——有时候你没有做出什么成绩，可他人还是表达了赞美，这时，女性常常会感到不安，因为觉得无功受禄了。

其实，成功不一定就是最终的目的，只要你付出了足够的努力，已经接近了目标，那么，别人的赞美就会激发你的潜能，使你朝着最后的目标冲刺。所以，这时你应该接受赞美，而不是感到不安和丧气。

在一次招待会上，秘书阿美由于准备工作不周，致使会议过程中出现了很多纰漏。不过，总经理并没有责怪她，只是说："阿美今天打扮得很漂亮，也很得体。"

工作中出现了疏漏，总经理还有心情夸奖阿美，她心里有些忐忑。总经理又接着说："希望你把工作也做得像人一样漂亮。"

阿美立刻明白了总经理的用意，她害羞地低下了头。从那次谈话以后，她的工作就很少出现错误了。

面对他人真心实意的赞美，你应该想到他希望通过赞美你来提升自我价值。因此，你要学会坦然地接受赞美，并把这种自信和鼓励运用到其他方面，从而获得更好的成就。

在日常生活中，我们更应该愉快地接受赞美，而不要追究对方的真实意图，哪怕你明明知道他有所图，但只要对自己有益就要乐于接受。

美国有位心理学家曾经做过一个实验：他从一所小学里随机抽选了 20 名学生，然后交代他们的任课老师要注意经常赞美他们。几个月后，这些被赞美的学生的成绩都有了很大的进步，并且在其他方面也表现出一种很积极的态度。

实验证明，赞美别人是使他人获得进步的最好途径。

生活中来自他人的赞美，往往都有目的性。比如：老公赞美妻子厨艺高超，可能是为了激励不爱做饭的妻子；上司赞美女下属处理事情方法得当，可能是为了激励她多做业绩。

不管赞美的真实意图是什么，以及自己是否具备别人说的这些优点，都要愉快地接受赞美，并付诸努力，因为你真的会在这些方面有进步的，并且你与赞美者之间的关系也会有很大的改善。

还有，对于来自他人的虚伪的赞美，是接受还是戳破呢？这个问题常常令女性朋友大感为难。实际上，聪明的女性大可不必太在乎这些虚伪的赞美，只要保持清醒的头脑，对自己有着清晰的认识，就不会被赞美迷惑了。

说到这里，还是提醒一下女性朋友，不管赞美多么让你高兴，高兴的同时，一定要记住，不要因此而骄傲自大，变得飘飘然。接受赞美，但要谦虚，就会自动地清除掉赞美里那些虚伪的成分。

第六章 抓住人心：赞美永远是一件快乐的事

赞美是打开人心的钥匙

赞美是一门艺术，想要让自己的赞美沁人心脾，就得找到能打开人心的钥匙。赞美的钥匙不止一把，而最简单、好用的莫过于去谈论对方最得意、最有成就感的事情——积极地以这些事情为话题，不动声色地夸赞别人最简单不过了。

张盼盼是个爽朗的女孩，不管是亲戚、朋友还是客户，对方性格、爱好怎样，她都能很快地跟对方打成一片。她的好人缘，全得益于她懂得察言观色，能够巧妙地找到话题，悄无声息地赞美别人。

一次年终聚会上，她的直属上司因有突发情况要处理，不得不暂时离开。只是，上司带着太太一起来参加聚会，自己走了，剩下太太独自一人，谁也不认识，显得有些尴尬。上司知道张盼盼能说会道，做事有分寸，就拜托她关照一下自己的太太。

当时，张盼盼被上司介绍给他的太太何女士时，两人是初次见面，一点也不熟。为了避免尴尬，张盼盼试图寻找点谈得来的话题。这时，她突然看到何女士脖子上佩戴的坠子，随口说了一句："您的坠子很特别，似乎并不常见。"

果然，这句话引起了何女士的兴趣，她说："是的，这个坠子只有在巴黎圣母院才买得到。"张盼盼的话，让她想起了关于坠子的种种往事，她的话匣子就这样打开了。

交谈之后，张盼盼感觉何女士对饰品非常有研究，她便顺着这个方向赞美对方："看来您对饰品的研究真的是内行，我觉得收藏饰品也是非常考验一个人的品位，以后在这方面我还得向您多请教呢！"

何女士和张盼盼相谈甚欢，全然忘了时间，待聚会结束后，她还觉得意犹未尽。回去之后，她对先生说："张盼盼这女孩真是不错，我跟她很谈得来。"

不久，张盼盼就得到了提拔。

会说话的女人就是这样，懂得从欣赏他人的优点入手，拉近与对方的人际关系，比如从对方最得意的事情说起，选择对方想听、想聊的展开话题，并借此机会给予对方真诚的、发自内心的赞美。

王晓在一家公司做业务代表。有一次，她的老板要她去拜访一位老客户，希望能跟对方签下一个季度的订单。

王晓之前听同事说过，这个客户性情清高孤傲，待人冷

第六章 抓住人心：赞美永远是一件快乐的事

淡，从来不轻易买任何人的账，同事都不愿意跟他打交道。

烫手山芋到了自己这里，王晓忧虑了好几天，可领导交代了，事情还得去做。王晓就开始了解这位客户的情况，无意中发现这位张总很喜欢书法。所以，在拜访之前，她花费了几天时间，专门阅读了书法方面的书籍。

那一天，她来到这位客户的办公室。果然，客户对她的态度非常冷淡。

这时，王晓看到客厅里挂着一幅字，她灵机一动，装作不经意地看到它，边欣赏边赞叹道："这幅字气势磅礴，用笔一气呵成，真是好作品啊！敢问张总，这出自哪位名家之手？"

这番话让客户的态度突然发生了转变，脸上瞬间涌现出愉悦感和自豪感，只听他笑着对王晓说："这是我自己闲来无事的练笔之作！"

"哎呀，原来是张总自己的作品，真是厉害啊！我学过几年书法，略知一点皮毛，要达到您这样的境界，可真是不知到什么年纪了！"王晓见客户很开心，继续恭维道。

果然，客户的态度彻底变了，话也多了起来。接着，王晓对所谈话题着意挖掘，环环相扣。最后，她说服了客户，让客户签了下一个季度的订单。

卡耐基说："即使你喜欢吃香蕉、三明治，但你不能用这些东西去钓鱼，因为鱼并不喜欢它们。你想钓到鱼，必须下鱼饵才行。"所以，我们平日里赞美他人，也要善于抓住对方喜欢的事物。

那么，如何找准某个点称赞对方呢？不妨从以下几方面入手：

一、从对方的兴趣爱好入手

不管是谁，每个人都有自己的兴趣爱好，只要懂得在说话的过程中投其所好，就能在人际交往中有意想不到的收获。

二、多聊聊对方的得意之事

人在潜意识里都希望自己能够成为这个社会的主流人物，成为众人瞩目的焦点。所以，在跟对方交流的时候，不妨多聊聊对方得意的事，包括对方在工作和生活中取得的成就——这样，交谈就很容易引起对方的兴趣，博取对方的好感。

三、称赞对方喜欢和在意的人

对对方喜欢、在意的人大加赞赏，对方会在不知不觉中产生一种成就感和满足感。

一家鲜花店的女店主，每次有顾客光临时，她总是显得热情而真诚，虽然她没怎么介绍店里的花，顾客却不好意思不买。

要是一位母亲带着小孩子光顾,她总会跟女士攀谈起小孩子,把小孩子夸赞一通,说得母亲心花怒放。之后再说选花的事,母亲往往都会爽快地买一束。

若是遇到恋爱中的小伙子,她定会把他和他的心上人一起夸赞一番,说他懂浪漫,说姑娘一定跟他很般配。之后再介绍一些寓意比较好的鲜花,小伙子定会欣然接受。

女店主身上没有商人的气息,却字字句句都能把话说到顾客的心坎里,让人觉得她真诚、可信,就像一位知心朋友。面对这样热情的人,很少有人会拒绝。

不是我们与他人没有共同话题,也不是他人没有值得赞美的地方,如果你能多多留意一下对方最引以为豪的人和事,适当地进行赞美,你们就能相谈甚欢。

批评也可以说得和赞美一样动听

很多时候,我们希望能有一位像良师益友一样的闺密,每当自己做事出现偏差时,她能够及时地对自己批评指正,免得自己在错误的道路上越走越远。

但是，当真的有闺密站出来指正我们的错误时，我们却会反感。为什么我们渴望别人给自己提意见，但当意见、忠告提出之时，自己又不爱听，甚至听后还感到难受、气愤，自信心、自尊心受挫呢？

究其原因，大都是因为批评、指正提出的方式使我们心生反感，从而无法接受。明白了这个道理，我们今后就要注意自己在批评别人的时候，所用的方式要让人乐于接受。

善于批评的批评者，即使批评他人也能做到"不逆耳"，比如把逆耳的话顺着说。我们常说，良药苦口利于病，忠言逆耳利于行。那么，忠言可不可以不逆耳呢？这就要注意方法：我们先要顺着对方的思路说，等到对方习惯了我们的说话方式之后，再说出自己的意图效果会更好，因为只有这样，我们才能说服对方，完成我们的本色出演。

五代时期，李存勖用武力推翻后梁政权后，建立了后唐政权，成为后唐开国皇帝。这时候，天下太平，百姓安居乐业，但这位好战的皇帝却感到英雄无用武之地，非常无聊，非常寂寞。

后来，百无聊赖的李存勖终于找到了一个打发时间的办法，那就是打猎。打猎虽然没有打仗时的那种沙场气概，但是，骑马、拉弓、射箭，马匹纵跃后荡起尘土，让他有了一种征战沙场的感觉，别是一番滋味。

第六章　抓住人心：赞美永远是一件快乐的事

一次，李存勖的兴致来了，骑马打猎就到了中牟县。他纵马驰骋，马匹践踏了百姓的很多庄稼，但他根本不在乎。中牟县的百姓都敢怒不敢言，只好找县令申诉。

中牟县县令为民请命，拦住了李存勖的马，想要劝阻。没想到，县令刚一开口，就被李存勖下令斩首示众。随行大臣纷纷战战兢兢，没一个人敢来劝阻。

随后，一个叫敬新磨的伶人，从李存勖后面转到前面，并且立即率人追回将被砍头的县令，押到李存勖面前。

接着，敬新磨假装愤怒地指责县令道："你身为县官，难道不知道我们的天子喜欢打猎吗？为什么要求老百姓种庄稼来缴纳国家赋税呢？为什么不让老百姓空着田地饿肚子呢？为什么不空着田地来让天子打猎取乐呢？你真是罪不可赦啊！"

敬新磨发泄完怒火后，大声请李存勖对县令行刑，其他伶人也随声附和。

李存勖明白了敬新磨的用意，也意识到了自己的过错。于是，他便哈哈一笑，纵马回宫，并免了县令的罪责，让他回府去了。

金无足赤，人无完人。人生在世，孰能无过？若犯过失，纵有自知之明，也难免自恕。当局者迷，旁观者清。所以，每个人都需要别人善意的批评，以此来鞭策自己。

做一个会表达的女人

然而，从理论上说，任何一种批评对批评者和被批评者而言，又存在着悖论现象：批评者害怕自己动机善良的批评会伤害对方；被批评者希望得到别人的指正，同时又害怕失去尊严，因而畏惧批评。

那么，如何化解这种悖论呢？那就是在批评别人之前，先设身处地地替别人想想。换位思考，找对批评的方式，然后用最适度的语言去感化对方，这样，别人才会认可我们的批评。

一天，李毅陪着女朋友韩蕾一起逛街。这天天气很热，所以没走一会儿，李毅就已浑身是汗，一个劲地在一旁抱怨。

走到一家冷饮店门前，李毅实在走不动了，说："咱们休息一会儿好吗？天气这么热。"

韩蕾说："才走了一个小时你就喊累啊！"

李毅说："你们女人是天生的走路狂，我们男人哪能和你们比！"

不知为什么，韩蕾听完此话，突然变得异常暴躁，把东西往地上一扔，说："哼，不想和我走，那你一个人走吧，谁稀罕和你逛！"

李毅丈二和尚摸不着头脑，迷惑地问："你这是干什么？"

可是，韩蕾好像没听见，依旧一个人站在一旁生闷气。

这下子，李毅不知该怎么办才好。此时，他发现路边有人正在看他俩，更是羞得脸红，于是有些凶巴巴地说："别闹了，人家都看着呢，多丢人！"

李毅原以为这句话会让韩蕾平静下来，谁知她扭过头，质问道："你什么意思？你的意思是说，我在这里很丢你的人？"

李毅一愣，一时间竟无语应答。韩蕾更生气了，说："你怎么不说话？你是不是就是这么想的？你难道没看见我刚才不高兴吗？为什么你不会安慰我一句，反而说出那种话！"

"够了！"李毅终于忍无可忍，大声喊道，"我就是觉得你丢人，你丢人！"顿时，韩蕾的眼泪流了出来，说："我记住你这句话了！"说完，扭头就跑开了。

李毅颓然地坐在地上，他不知道自己刚才是怎么了，竟然会说出那种话。他不停地喃喃自语道："本来快乐的下午，怎么变成这个样子了？"

李毅的失败之处就在于说出了"你丢人！"这句话。女孩本来就脸皮薄，加上正在气头上，听到这种话怎能不更加生气？怎能不转身离开？

不管在生活中还是工作中，掌握说话的尺度都是非常重要的——如果我们掌握不好火候，说出来的话就算是好话，也会因为阴错阳差而变成坏话。因此，这就需要我们掌握好说话的尺度。只有这样，我们才能及时避免话语中出现疏漏。

我们劝解或者批评别人时，要有理有据，并且要找到一种能让对方接受的方式。只有这样，我们才能达到劝服别人的目的。

批评人时要心平气和、诚恳、冷静、认真、耐心，不能急躁，不能怨恨，更不能存心找碴儿，而要使用一种温和的方式。

当你心中有了愤怒、埋怨、焦虑，想责怪对方时，最好先克制一下情绪，整理一下思绪，甚至可以先听听音乐，看会儿电视，或者散散步——等冷静下来后，再进行批评就比较好了。

在进行批评时，最好先适当地赞美一下对方，通过提及对方的成就而使对方认为并非自己全都不对，从而改善气氛，以保护他们的自尊，使他们既愿意又觉得自己有能力去改进。

当今是一个人际关系复杂，社交活动频繁的社会，嘴巴厉害的人无论走到哪里都会受到欢迎。掌握好说话的"度"，即使我们是在批评别人，也能把批评的话说得动听，还可以让对方毫无怨言地接受。只有这样，我们才能走进对方的心，成功完成语言上的华丽转身。

第七章
玩转表达：再难听的话都有好听的表达方式

> 有修养的女性，从不会咄咄逼人地指责他人
> 回答有技巧，有些问题可以"听不懂"
> 把命令变成建议，你的语言更具力量
> 用温柔的语言俘获对方的心
> 为何你总盯着他的短处，看不到他的长处
> 别把你的思想强加在对方身上
> 站在对方的角度，你的说服才有力量

有修养的女性,从不会咄咄逼人地指责他人

不会说话的女人,当发现别人犯了错,就会毫无顾忌地说:"你错了。"甚至,看到别人的错误,她们也会不留情面地批评。例如:"早就跟你说你错了,你就是不听!""是你把事情搞砸的。""谁像你那么不开窍?要是我的话,几分钟就做完了。"凡此种种批评别人的话,谁听了都不会痛快。

俗话说:"人活一张脸,树活一张皮。"因此,即使别人犯了错,我们也要懂得给人家留面子。

一位优雅的中年女士在餐馆里用餐,她把米饭里的沙子一粒粒挑了出来,放在桌子上。

服务员看到后,不好意思地走上前,说:"米饭里面的沙子不少吧?"

女士笑盈盈地说:"还是有一点米的。"

服务员听后,主动询问:"我给您换一份其他的主食,您看好吗?"

第七章 玩转表达：再难听的话都有好听的表达方式

在饭馆里遇到这等问题很常见，但不是所有人都能像这位女士这样温和地指出问题、解决问题——相反，很多人会提高分贝叫来餐厅经理，咄咄逼人地指责一通。

作为饭店一方，自然是理亏的，可除却服务员、大厅经理等身份，他们也是真实、有血有肉、有尊严的人，被人当众指责而碍于身份原因只能忍受——这种滋味也是很难受的。

相比而言，这位女士的处理方式就显得有修养多了。她没有直接说米饭质量不好，而是有趣地调侃饭里除了沙子"还是有一点米的"，即用先肯定、再转折的方式表达了自己的不满。这样的责备，既让对方认识到了问题所在，也没有让对方陷入尴尬中。

什么是教养？就是在让自己感到舒服的同时，也能照顾到别人的感受。尤其是在对方做错事，或双方产生严重分歧时，失控地横加指责和挑剔不仅没有任何意义，反而会降低自己的修养，伤害彼此的感情和对方的尊严。

一个人在犯了错时，如果他本身已经意识到了，那么，他必然会感到不好意思。此时，你若劈头盖脸地去指责，甚至有些脾气暴躁的女性会忍不住大发雷霆，那么，纵然你是出于"善意"，对方也不会接受，甚至会厌恶你。

有一次，李丽出席大学同学聚会。去的时候赶上堵车，她迟到了半小时，结果刚一进门，跟她在同一个城市工作的张茜就开始数落她："让你早点儿出门，就你迟到了这么久，大家都等你半天了。"

李丽也为耽误大家的时间感到抱歉，但对张茜的指责没说什么。

饭局进行到一半，李丽发现一对曾经非常要好，甚至要谈婚论嫁的伴侣如今没有坐在一起，就好奇地问了一句。对方平静地告知，他们分手了，也没过多地解释什么。李丽自然知道问了不该问的，心里也有点不太舒服。

过了一会儿，李丽和张茜去卫生间时，张茜又开始指责李丽："你没看他俩的神态都不对吗？本来她就不高兴，你这么一说，人家肯定更难受。"

对张茜的指责，李丽忍不住想发火，可想着是同学聚会就忍了下来。之后，虽然两人还在同一个城市工作，但李丽不再轻易跟张茜联系了。

每个人都有自尊心，尤其是在人前，谁也不愿意被批评。只是因为顾及面子问题，被批评的人也不好反驳，可情绪上的沮丧却是无法避免的。

要知道，任何人都有缺点，都会犯错，我们只能要求自己尽量把事情做到最好，尽量不犯错，但这并不意味着要把自己摆在很高的位置，以此去要求别人、指责别人。如果是在特殊场合，必须指出对方的问题所在时，那也得讲究点方式、方法。

当对方的做法存在一些问题必须指出来的时候，在特定环境中，某些词语就具备了双重意义。这种方式既可以传递自己的想法，也会增加幽默感。

一个年轻作者给出版社投稿，编辑看了之后，跟作者沟通："这本小说是你自己写的吗？"

作者回答："是啊，我构思了一个月，用了整整两个月才写出来的，写作太辛苦了。"

编辑发了一个感慨的表情符号，补充说："伟大的契诃夫，您什么时候又复活了呀！"作者没再说话，他知道自己的"花招"被拆穿了。

编辑用一语双关的方式，隐喻指出"你抄袭了契诃夫的作品"，既含蓄、幽默，又让对方知道自己犯了错。这种指责方式，远比直截了当地说对方抄袭要高明得多。

一个真正懂得语言艺术的女性，从来不会想着在情绪和气势上压倒对方，更不会咄咄逼人地对人横加指责——她总能把那些指责的话说得温和而有力，让对方意识到问题所在，既避免了尴尬，也容易让人接受。

回答有技巧，有些问题可以"听不懂"

有时候，交际场如战场，你会在其中遇到形形色色的人，也会遇到让人难以回答，甚至不怀好意的提问。

身为女人，如果不懂说话技巧，很容易让交谈气氛变得尴尬，甚至得罪人。在面对不想回答的问题时，要学会答非所问，巧妙化解，这样，你既不失礼，又保全了自己的面子。

有些女人就是因为不善于巧妙地回答提问，而让自己陷入被动局面，又无法让对方满意的。你如果不懂变通，就无法掌握说话之道。

小齐在保险公司干了很多年，能力没的说，就是不太会说话，她每次跳槽都是因为处理不好跟领导的关系。

再次辞职之后，小齐非常郁闷，整天抱怨没有人懂她。后来，好不容易有个大姐想帮她一把，还被她搞砸了。

大姐想把小齐介绍到朋友张老板的公司，并特意摆了一桌酒席，千叮咛万嘱咐，要她好好说话。

酒过三巡之后,张老板了解到了饭局的意思,问小齐:"听说你的业务能力不错,为什么辞职啊?"

小齐不假思索地说:"因为跟老板的关系不和,不知怎么就得罪了他。"

大姐一听就不高兴了,她想:小齐怎么还是如此不会说话?于是赶紧打圆场:"小齐比较实在,跟你开玩笑呢!她的业务能力挺强的。"

张老板对小齐有了几分了解,又不动声色地问:"那你期望的工资是多少?"

小齐准备说"越多越好",大姐抢先说:"大家交情不错,你根据她的能力给吧,她不会过多计较的。"

纵然大姐在中间一再周旋,但小齐的表现还是让人不满意。最后,张老板找了个借口,离开了饭局。

"你怎么这么不会说话啊?我都帮你到这份儿上了,你还是不争气,以后千万别再找我帮忙了。"大姐虽然面子上过不去,但也撒手不管了。

小齐一个人坐在那里,又生气又无奈。

在聊天中,女人一定要明白,不能回答别人想知道的问题,而要回答自己想回答的问题。尤其是在重要场合,巧妙的回答不仅能让人满意,还可以显示自己的能力和才华,让对方产生好感。

小齐是个不会回答问题的人，不加思考、不计后果地回答，只能暴露自己的短处，影响自己的形象。

在跟别人谈话时，哪怕是很熟悉的人，也要好好回答对方的问题。从回答问题的方式，对方就能看出你的为人，这能直接影响别人对你的印象。

有的女人认为，话多说一句、少说一句都没关系，所以在回答问题时常常信口开河，或毫无保留地据实回答。事实证明，这是不可取的。

这时，答非所问就派上用场了。

答非所问可以让我们巧妙地绕开他人的话题，既能避免尴尬或不怀好意，又能避免失礼，引起不必要的麻烦。懂得运用答非所问的方式巧妙回答问题的人，总能在社交中如鱼得水，赢得"柳暗花明又一村"的新局面。

要想做到答非所问，就要懂得"揣着明白装糊涂"，这样的女人不是傻瓜，而是真正的智者。面对尖锐的问题，回答会让我们感觉尴尬，不回答又显得不够大气，这时，假装听不懂其中的含义，用其他方式回答就刚刚好。

有些女人无法做到答非所问，她的人际关系就会显得比较紧张。凡事不能太过认真，否则就会显得你心胸狭隘，斤斤计较，这是交际中的忌讳，千万不能犯。遇到难题，要学会轻松绕行，这样才能达到交际效果。

遇到不方便正面回答的问题时，可以通过暗示传达自己的不满,让对方明白其中的意思,言在此而意在彼。

这是一种有效的缓冲法,可以将对方扔出的"炸弹"威力降低,也可以给对方一个含蓄的警告或下马威。如此,对方才能意识到自己的问题并加以改正。

交际中,很多时候我们都不能"打开天窗说亮话",而要通过巧妙的暗示将难以回答的问题简单化,让气氛不至于太尴尬。所以,要学会通过暗示表达自己的意思,巧妙地回答问题。

转移话题也是答非所问的重要方法。当你面对不想回答的问题时,不妨当作没听到,然后开启新话题,这是很常用的说话技巧。主动转换话题,主导谈话方向,这样才能在聊天中占据主动地位,避开雷区。

徐颖是刚入职场的新人,因为初生牛犊不怕虎,一来就得罪了很多人,这也让她吃了不少苦头。后来,虽然她意识到不妥之处,但平时跟人接触聊天,还是有人故意刁难她。

一次培训的时候,徐颖因为早晨堵车迟到了五分钟,这可不得了,她一时成了众矢之的。张主任是公司的老人,带头涮她:"哟,徐颖,你可是从来不迟到的,今天培训怎么迟到了?莫不是对领导有意见?"

面对这么故意为难人的问题,徐颖很生气,但也不敢跟张主任对着干,于是她灵机一动,说:"张主任,您来得真早,早就听别人说您是单位的楷模,以后我得好好跟您学习了。"

张主任还想发问,徐颖立刻打断他:"听口音您是北京人吧?我外婆家也是北京的,您假期回北京了告诉我一声,我要在的话,请您吃饭。"

就这样,徐颖通过转移话题,巧妙地逃避了张主任的刁难,避免了尴尬,解除了危机。由此可见,转移话题会转移对方的注意力,这通常能收到很好的效果。

一个女人不管在职场里还是在生活中,都会经常遇到实在不想回答的问题,这时,你不妨假装听不懂,或者曲解对方的意思,用模棱两可的话应付过去就行了。

很多时候,那些交际经验十分丰富的人很会设计谈话陷阱,如果你按照常规思维方式回答问题,必然会掉进语言陷阱,但巧妙地曲解问题就不会如此了。

如果对方的问题很有难度,或者一时不知如何回答,可以通过反问把问题抛给对方,让对方替自己回答。如此一来,对方可能会因为不好回答而放弃刁难。或者,对方回答了,自己也可以根据对方的回答而取其精华。

总之,在交际中我们难免会遇到些不怀好意的刁难者,他们总会设置一些语言陷阱——如果我们不懂,就会陷入被动,被对方牵着鼻子走。所以,要培养自己绕开话题的意识，巧用答非所问的办法，这既给了对方有力的还击，又彰显了自己的智慧，真是最好不过的了。

在交谈时，除了可以通过以上几种方式来应对他人不怀好意的问题外，更主要的是要随时保持敏捷的思维，寻找对方话语里的缺陷，并以此为突破口。只有如此，才能把问题回答得更好，才能一直占据交际中的有利地位。

把命令变成建议，你的语言更具力量

当请求别人去做一件事的时候，无论他的身份、职位是什么，我们都不该用命令的语气，甚至摆出一副颐指气使的样子。否则，人际关系一定会变得很糟糕。

一名女士有事想请朋友帮忙，鉴于彼此关系很熟，她说话也不客气，直接就用命令的语气吩咐朋友。

朋友听了之后，虽然嘴上勉强应承下来，但是心里很不是滋味，他嘀咕道："就算是朋友，也不该这么不客气吧？我又不欠你什么，帮你做事却连一句好话都讨不到，难道我就活该听你使唤？"

朋友心中怒火难消,就一直拖着不给她办事,结果耽误了时日,没能办成。这名女士因此心里很不舒服,埋怨朋友不靠谱。

此时,朋友对这名女士已经无话可说,并且觉得她从来就不知道尊重别人,不宜深交。渐渐地,他就疏远了这名女士。久而久之,两个人还闹起了意见,最后竟成了陌路。

任何沟通都是双方之间的交流,包括情感、态度、思想和观念的交流。沟通的目的不是为了说服对方,而是寻找彼此都可以接受的方法。生活如是,职场更是如此。

上下级之间最常用的两种交流方法,一是说服,二是命令。前者是恳切地引导对方按照自己的想法来做事;后者却是直接对下属发出指令,让对方来完成工作任务,没有商量的余地。

哪种方法更容易为人所接受呢?这就像太阳和风的寓言:风越是用力刮,人把衣服裹得越紧;太阳越温暖,人就会脱掉外衣。职场沟通也是这样,在给下属安排任务时一定要多沟通,尊重对方的意愿,而不是发号施令。

尊重别人最重要,不管对方是谁——如果你希望他能按照自己的意愿做事,就多提建议,而不是命令。

在这方面,女人存在的困难是:对待长辈、上级可能比较容易做到,可是,对待晚辈、下属,尤其是自己的老公、孩子时，就很难做到了。她们认为，命令更直接、更明确，没有必要与他们客套。所以，我们常常听到女人冲着老公、孩子大喊大叫："去，把地拖干净！""今天晚上必须写完作业才能睡觉！""把你的房间整理好！"

这类女人在家庭生活中经常指手画脚，如此，她的家庭生活肯定是常常一团糟，让她感到很失望："他们都不听话，真是太气人啦。"与其吃力不讨好，不如多动动脑子，学学如何改变自己的作风，把命令的口气变成提建议。

赵梅是一所职业学校的教导处主任，一次，她发现学校门口停着一辆车，堵住了半个道路。她二话不说，冲进办公室就大声地质问："谁的车停在门口了？"

"是我的，怎么了？我整理一份资料，一会儿就走。"一位老师回答。

"马上开走，否则我叫警察给拖走。"

赵梅强硬的态度让这位老师心里很不舒服，从那以后，整个办公室的老师都开始厌烦她了。

其实，赵梅完全可以把这件事情处理得很好，而且也不得罪人。如果她换一种语气说："大家注意了，门口有辆车堵住了道路，是谁的？请开到停车场吧。"这样的语气和内容就很容易被人接受。

把命令变成建议，效果就好多了，究其原因，命令往往是严厉的、呆板的，容易让人产生对立情绪。因为人人都有自尊心，尤其是年轻人和关系密切的人的交往中，平时不怎么注意尊重别人，这时以命令的语气去要求，他们就会产生强烈的反感情绪。

所以，女性朋友应该特别注意，不要以为关系亲近就可以命令别人，事实恰恰相反：越是关系亲密的人，对他讲话时语气应该越注意。当你需要他完成某件事时，用商量的口气建议他怎么做，会让他心甘情愿地答应并去实施。

很多女人都有这样的经验：单位里有些人是刺儿头，很难相处，可他们偏偏对某位领导言听计从。这其中固然原因很多，但不难想象，这位领导平时很可能是采取了建议他人做事的方法。

安迪是一家公司某部门的业务主管，在处理工作的时候，她即便发现了员工工作中的失误，也总是会把选择的权利交给当事人。

比如，有一次，她在审验员工做的一份季度生产报告的时候，发现了一些问题，但是，她并没有明确地指出哪些地方需要修改，而是把员工叫了过来，告诉他："你看这个地方，如果换成另外一种方式来处理，是不是效果会不同？"

这样的建议性意见，员工一般都会接受，并认真地考虑后再去修改。

再比如，安迪很少把自己的意见强加于人，而是善于以提醒的方式，让员工自己去发现工作中的疏漏。这样，员工既做出了成绩，又会感激她的提醒。

多多地提建议，让对方感受到你的尊重，他就会与你合作，而不是想方设法地反对你。

用建议而不用命令，还是帮助一个人改错的良方。有人说："用建议来替代指使，可以令人信服；用请求替代指使，可以令人高兴地执行；用商量替代指使，会有人主动请缨；用赞美替代指使，对方会用行动证明你是对的。"

既然有这么多的方式可以让你达到预期目的，为何偏偏要强硬地命令别人呢？为人处世的基本原则，就是懂得尊重别人——你敬人一尺，别人自会敬你一丈。

用温柔的语言俘获对方的心

说到夫妻，相互之间可能引发争吵，也可能促进和谐；可能会给人带来锥心的痛，也可能带来满心欢喜。

做一个会表达的女人

小鹏是一家广告公司的创意文案策划,每天的工作压力非常大,即便下了班,他的脑子也会不停地想那些没有敲定的方案。

妻子不太理解小鹏的工作性质,她满脑子想的是:"我每天这么辛苦持家,你却连一句安慰的话都没有。"看到小鹏冥思苦想的样子,她总是说:"你累得倒挺像一个成功人士,但赚的钱还不如快递员多。"

她心里嫌弃小鹏没有给自己足够的关心,可话说出来,完全不是想要表达的意思。小鹏听了这样的话,自然很恼火,他想:"我容易吗?累成这样还不是为了这个家!"好几次,他们都因为这事争吵不休。

渐渐地,小鹏宁愿在办公室加班也不想早回家,有时甚至好几天都住在办公室。

妻子打电话给小鹏,言语里没有任何关心他的意思,有的只是质问和指责,说他整天不着家,不负责任。

这样的吵吵闹闹弄得小鹏疲惫不堪,工作效率也直线下降。毕竟,动脑子的活儿需要的就是一个安静的环境,一颗平和的心。

最后,小鹏实在受不了这种吵闹的生活,向妻子提出分居。他不忍直接说离婚,因为他心里对妻子还有爱,只是他真的不知道,这段婚姻路该用什么样的方式继续走下去。

小鹏为事业辛苦忙碌,妻子没说过一句鼓励和支持的话,反倒是挑剔他、挤对他,相信任凭是谁也受不了爱人这样的冷嘲热讽。他们的这段婚姻走到了分居的地步,并没有情感上的特殊矛盾,完全就是因为"话不投机"。

经营婚姻不是一件容易的事,与爱人沟通,给爱人提建议也要讲究方法。就拿小鹏的问题来讲,妻子可以用温柔的语调告诉他:"看你这么辛苦,我真担心你把身体熬坏了。虽然我知道你是个上进、要强的人,可我更喜欢一个健康、每天笑呵呵的丈夫。"

这番话听起来肯定要舒服得多,更重要的是,这种平和而有力量的支持也会给他的工作注入激情,让他没有后顾之忧。其实,男人都是很聪明的,你的关爱和提醒他会记在心上——你对他好,也会让他不忍心冷落你。

郑君结婚已经八年了,有一个可爱的女儿,物质生活也挺富足,唯一让她苦恼的就是丈夫总是忙于工作,有时连续几天住在公司,电话也不给家里打一个。她曾经多次提醒丈夫多打打电话,可丈夫老是以没时间作为理由推脱。

这天吃过晚饭后,郑君带着孩子去小区附近的休闲娱乐区玩,而且故意没给丈夫留晚饭,还故意把手机关机了。等到回家后,她看见丈夫的公文包放在沙发上,人却不在。

过了一会儿，丈夫回来了，他一进门就气急败坏地冲着郑君喊："你去哪儿了？电话也打不通，我以为你们出什么事了。"

郑君心里得意，却装作不在意地答道："你也知道着急啊？你经常不接电话，让我找不到，我难道就不担心吗？"丈夫听后，无言以对。

见此情形，郑君缓和了一下语气，说："我知道你事业心重，这一点我也挺欣赏的，可你再拼，也要处理好事业和家庭的关系。工作之余，你能多陪陪我和孩子，我们的生活会更好，我也会把'贤内助'做得更好。"

那次谈话以后，丈夫确实改变了许多。

郑君故意设了一个"局"，没有大发雷霆地吵闹，却让丈夫体会到了自己平日里的感受，改善了夫妻关系。相比之下，那些抱怨了丈夫一辈子，却还与之共同生活的女人显然是不够聪明的。

很多时候，试着改变一下说话方式，就能让表达的意思迥然不同。

为何你总盯着他的短处,看不到他的长处

世界上没有完美的男人,当你和老公在一起生活的时间逐渐变长,双方都会缩小对方的优点,放大对方的缺点,这就需要一个磨合的过程。

但是,有的女人在发现老公的某一缺点时,总会揪着他的这个缺点不放,并且把它作为每次争吵时攻击老公的理由。这样的做法是相当不明智的。

夫妻之间想要过幸福的婚姻生活,就需要宽容和谅解对方。婚姻质量好坏的前提,就是彼此之间的包容:发现对方的长处,忽略对方的不足。你如果死盯着老公的缺点不放,总是提到他的不足之处,不仅会伤害他的自尊心,更会加速婚姻走向破裂的速度。

齐露的老公有便秘的毛病,每次上厕所都要将近半个小时,而齐露一开始并不知道这个情况。

有一天早晨起来,齐露急着去厕所小便,发现老公也在卫生间。她就问老公多久能"解决战斗",但没得到回应。

齐露害怕了,她觉得老公有可能在卫生间里昏倒了,就开始砸门,边砸边喊:"老公你怎么了?你怎么不回答我啊!"这样,老公才勉强回了她一声。

齐露很生气,质问老公为什么不出声,让她担心了好半天。老公说上厕所不能说话,否则会肾亏。

后来,矛盾升级。每天早上,老公都故意起得比齐露早,所以,齐露要忍很久才能上厕所。于是,齐露要求老公在早上去厕所之前先叫醒她,她只要一分钟就搞定了。但是,老公早上从来没叫过她。所以,她开始反击了:她每晚很早就睡了,为的就是第二天先老公一步"抢到"卫生间。

后来,换成老公踹门了,接着发展成用椅子砸门。再后来,每次吵架时齐露都拿老公上厕所说事。最后的结果就是离婚。

每个人都有或大或小的毛病,如果女人能用一颗宽容和理解的心去对待自己的老公,遇到问题的时候双方商量着去解决,这些毛病不仅不会成为婚姻的绊脚石,可能还会转化成夫妻间制造幽默的元素。

所以,女人一定不要揪着老公的缺点不放,更不要在每次吵架的时候揭老公的短,让他的自尊心受到严重伤害,最后导致不可挽回的结果。

生活中,每个人都难免会在无意间犯错。当你犯了错得到别人的宽容和原谅，那么，当别人犯了错的时候，你也该用这样的方式去对待。

其实，紧抓着老公的错不放，自己会比他更痛苦。每个人身上都有缺点，也难免会犯错，这是人性的弱点。同在屋檐下，大部分时候夫妻间互相总会拿着显微镜去看对方，所以我们总会忽略对方的优点，放大他的缺点。

一个刚结婚不久的女人，她总喜欢在父母面前抱怨老公的不是。父亲听了，在一张白纸上画了一个黑点。然后，他拿着这张带有黑点的白纸问女儿："白纸上面是什么啊？"

"当然是黑点啊！"

父亲再问："那你还能看到什么呢？"

女儿仍然说："我只能看到一个黑点啊！"

父亲说："难道除了黑点，你就看不到其他这么一大片的白吗？"

聪明的女儿马上理解了父亲的用意。

回到家中，她换了一种眼光看丈夫。由于观念转变了，她发现了丈夫身上的优点和闪光点，这才想起那句话——"入芝兰之室，久而不闻其香"，原来自己总是在放大丈夫的不足，而忽略了他的长处。

女人如果对丈夫的"黑点"一目了然，一"点"障目，天长日久就会越看越黑，因此，夫妻感情难免被看出枝枝节节，而等到修剪时就困难重重了。

俗话说："金无足赤，人无完人。"事物都有正、反两面，如果你只看到黑点，那么，你的世界只会是黑色的，因为它让你产生了诸多负面情绪，而这些负面情绪使你丧失了原本属于你的幸福感；如果你看到的是一大片白色，那么，你的心境将会变得无比清净，烦恼和争吵也将会在你的世界里不复存在。

在对待丈夫无关痛痒的"黑点问题"上，我们可以多些包容和谅解，装作视而不见，在会心一笑中擦去"黑点"。而当女人看到整张白纸就会变得宽容，从而增长理智。

女性朋友们，请收起挑剔的目光，拿起放大优点的放大镜，以律人之心律己，以恕己之心恕人。如此，你会发现那个"黑点"竟然是那么渺小，你不会再因此而烦恼，还会觉得自己竟能拥有这么多的"白"。

你的心中有了这张白纸，老公的短处也就变得微不足道了，你们的婚姻生活也会随之变得幸福和谐。

别把你的思想强加在对方身上

有位女性主义者说:"当一个女人沾沾自喜地说,如果男人没有她,连内衣裤都找不到的时候,其实是两人关系最危险的时候。"

女人喜欢强加于人的,不仅有自己的思想和观点,而且,很多时候她们还要求别人按照自己的意愿行事,所以会无孔不入地深入别人的生活中——对于自己的丈夫而言,这会造成他的被动局面。

喜欢把自己的意愿强加于人的女人,大体有两种类型:专横型和依赖型。前者缺乏同理心,过于武断、跋扈,她们总是希望事情按自己的意愿发展,所以对别人要求很多,甚至强迫别人去做自己不愿做的事——所谓"牛不喝水强按头",就是这种情况。

《渔夫和金鱼的故事》就讲述了一个霸道的女人。

在一个大海边居住着一对贫穷的老夫妇,靠老渔夫打鱼为生。每天,渔夫外出打鱼,老太婆在家里纺纱。

有一天,渔夫捕到了一条金鱼,金鱼祈求他:"你放了我吧,我会报答你的。"渔夫什么也没说就放了金鱼。到了晚上,渔夫回到家,老太婆听说这事后指责道:"你真傻,你跟它要个木盆也好啊。"

第二天,渔夫向小金鱼要了木盆。结果老太婆不满足,又催着渔夫去要房子。果然,她有了宽敞、明亮的房子,然后有了漂亮、华贵的衣服,还有精美的晚餐。

老太婆的欲念更大了,她想当贵夫人,于是她拥有了很多奴仆,成为一名贵妇。老渔夫以为她这下满足了,却不料,她驱赶着他说:"去跟金鱼说,我要当女王!"

做了女王的老太婆还不知足,竟逼着老渔夫对金鱼说:"她不想当女王了,她要成为女皇,要你来服侍她。"顿时,天昏地暗,海涛汹涌。

等到老渔夫回到家中,看到老太婆依然穿着过去的破旧衣服,坐在低矮的屋檐下吃力地缝补着渔网。一切都没有了。

强加于人,会深深刺痛对方的自尊,逼迫他迅速远离你——即便他在空间上无法摆脱你,内心深处也会产生强烈的距离感,从而使你陷入孤立状态。

专横型的女人,嫉妒心极强,容不下别人,什么都要跟人攀比,甚至不惜攻击别人来抬高自己。她们不知道人和人是不一样的，别人拥有的东西对她们来说可能并不重要，所以不一定非要得到不可。

承认差距，不是否定自我，而是接受现实，这才是成熟女人的做法。如此，你才能在交往过程中游刃有余。

女人的强加于人还表现在对人的过度关心上。比如，她们在婚姻中过度热心地扛起责任，担负所有家务，什么活儿也舍不得让老公插手。这种女人实际上有着深深的依赖心理，她们以为这样会拴住老公，就会使家庭稳定——她们却不去想一想，这会让自己所爱的人失去生活自理能力。

更为要命的是，女人在扛起全部家务后，时间一久又会感觉累了疲了，于是不停地抱怨，于是不想再做那么多了。她们心里想的是，家务又苦又累，老公怎不帮忙呢？这种自我抵触的念头，会让她们情绪低落、自怨自艾。

家是两个人共同的责任，人际关系是双方共同努力的结果，单方面地强求不但效果不佳，还会产生副作用，令对方反感或远离。

很多母亲都有这样的感慨："孩子太难管了，一点儿也不听话！"母亲希望孩子听话，顺从自己，但有没有想过自己强加给了孩子太多的负担呢？比如，强迫孩子学舞蹈、弹钢琴、练书法，逼着孩子每次考试都要得第一名……

不光孩子如此，任何人在你过多的强迫下，都会变得不听话、不顺从，不再与你保持和谐的关系。要想改变这种状况,唯有改变自己强加于人的习惯才行。

这首先要做的,就是征询对方对事物的看法。比如,你可以问同事:"我喜欢这个议案,不过,重要的是你的看法如何。"而不要说:"这个议案完美无缺,你不这样认为吗?"

在你给某件事情做出负面评判时,最好先问问对方的看法。比如,老师不会在课堂上直接告诉学生应该赞成或者反对某个论点,而是会问问学生的看法:"你们觉得××卫视的那档问答节目怎么样?"几乎没有哪个老师会说:"××卫视简直是胡说八道!"

接着,你还需要认真考虑自己真正在意什么,并要意识到当对方坚持某件事时,可能会指向你在意的事,你应该有个心理准备——即便如此,也不要有太强烈的反应。

在与人争论某个问题时,即便对方的意见与自己不同,也不要急着反驳,而应该学会冷静分析,找出差距,采取合适的方法说服对方。

面对女性朋友之间的冲突时,不要把自己的解决方法强加于她们,而应该鼓励她们自己想办法,解决彼此的矛盾。

第七章 玩转表达：再难听的话都有好听的表达方式

站在对方的角度，你的说服才有力量

现在，有些女士成了女强人，在职场上有着自己的地位，经常会参加一些商务会谈。但在商务会谈时我们会发现一个问题，有些女性总是喜欢表现出强势的一面，用咄咄逼人的气势向对方施压。

其实，身为女强人除了拥有强悍的一面，还可以展示出理性、柔情的一面。站在对方的角度去探讨问题，这样不仅不会让对方不舒服，而且会取得双赢的结果。

在一次培训谈判技巧的课堂上，讲师给学员出了一道题目，要求学员想办法和全班同学沟通，让大家自愿走出教室。

第一个学员走上讲台，对全班同学大喊道："我代表老师命令所有人都离开这个教室，马上！"结果，没有一个人走出教室。

第二个学员走上讲台，则对大家说："现在我要开始打扫教室了，不想衣服被弄脏的同学请离开！"结果，一部分人离开了教室，另一部分人仍然留在教室内。

第三位学员想了想，走上讲台没有说一句话，而是工整地在黑板上写道："各位同学，午餐时间到了，现在下课。"结果，同学们纷纷起身离开，教室里很快就空无一人了。

故事中，第一个学员想通过权威来命令别人，结果以失败告终；第二个学员想通过威胁来说服别人，结果还是没有成功；第三个学员懂得避实就虚，从同学们的心理着手，所以成功地把所有人"请"出了教室。

谈判时，如果双方都能换位思考，那是最好的。可是，一般情况下，人们彼此都只会为自己着想，会想着"对方应该怎么做"，而不是"自己应该怎么做"。如果双方都这么坚持，必然会让谈判陷入僵局。

这时候，假如有一方能说类似这样的话："我们重新核算了一下贵公司的运营成本，考虑到你们的盈利情况，我们可以适当调整一下报价。"那么，僵局可能就会轻而易举地打破。

任何一个具有战略眼光的谈判者都知道，在谈判的时候绝不能太贪心，妄想拿走谈判桌上的最后一分钱。也许你会认为自己获胜了，但若是对方感觉你把他打败了，这对你的长远发展来说并不一定有好处。

留在谈判桌上的最后一分钱是特别昂贵的，说不定什么时候你就要因为它牺牲更多。因此，在谈判桌上留下最后一分钱,甚至主动去关心对方的利益,使对方感觉他也是赢家,谈判才可以达到双赢。

商务谈判中要做到这一点,措辞就要有为对方着想的倾向。可见,要想有效实现共赢,就应当适当站在对方的立场上去思考问题,去说话,进而促成谈判。

女性朋友要切记,在谈判时不可过于贪心,完全置对方的利益于不顾,言辞之间都只顾着自己的利益。

第八章
能说会道：成为纵横职场的职业女性

> 出入职场，先要学会如何称呼别人
> 适时表现自己，成功才不会与你擦肩而过
> 掌握好说话尺度，等于骑上一匹宝马良驹
> 太过招摇，只会把自己推向风口浪尖
> 言谈举止，是女性在职场中成败的关键
> 撕掉"灰姑娘"的标签，成为职场红人

第八章　能说会道：成为纵横职场的职业女性

出入职场，先要学会如何称呼别人

无论是刚刚步入职场的新人，还是已经有了一定经验的达人，在面对工作问题时，总免不了要跟身边的领导、同事或陌生的客户打交道。而沟通交流的第一步，就是给对方一个恰当的称呼——千万别觉得这是小题大做，在生活中，如何称呼对方是一件非常有讲究的事。

一个骑车旅行的年轻人，见天色已晚，想找家客栈住下来。只可惜，手机没有电了，身在异地他乡，他根本不知道自己到了哪儿，离最近的客栈还有多远的路程。恰好，一位老汉从他身边经过，他马上高声喊道："喂，老头儿，这儿离客栈还有多远？"

老汉回答："五里。"

年轻人听后，翻身上车往前赶路。他一口气跑出了几里路，却发现四处荒无人烟，连客栈的影子都没有。

他有点生气，觉得那老头儿故意捉弄他，很想回去跟他理论理论。他一边骑车，嘴里一边嘟囔："五里，五里，什么五里?"念着念着,他突然醒悟了,原来老头儿说的是"无礼",而非"五里"。

他掉头就往回赶,没过多久,再次与老头儿相遇。这时,他连忙下车,客客气气地走到老人跟前,亲切地叫了一声"老伯"。接下来,想问的话还没说呢,老头儿便开口了:"客栈离这里很远,如不嫌弃,就到我家暂住一宿吧!"

称呼在交际中有多重要,想必不用再赘述了吧。

称呼是展开沟通的信号,也是传达礼貌和情意的途径。从心理学上讲,每个人对他人如何称呼自己都是很在意的,只是由于各国、各民族的风俗不一样,语言也不尽相同,因此,称呼上也有很大差别。

想成为一个懂礼节、受人喜欢的优雅女人,不管是朋友相见,还是与陌生人相见,都要特别注意称呼的问题。错误的称呼不仅会闹出笑话,还可能引起误会,让听者不高兴。

燕子在一家公司做前台,每天要接待不少来访者。这天,公司来了一位大姐,穿着十分考究,她是预约来公司了解产品的客户。

燕子立刻送上热情的笑脸,甜甜地问了一句:"阿姨,您找哪位呀?"

大姐原本微笑的脸,突然沉了下来,她看了燕子一眼,说:"哪儿来的愣头青!"

燕子很惊讶,愣了一下,心想:我也没招惹你呀,干吗骂人呢?可作为前台,她不能对客户无礼,于是就给大姐倒了一杯水,赔着笑脸说:"阿姨,我们老板出去一会儿了,不知道什么时候才回来。"

大姐的脸色更沉了,她狠狠地瞪了燕子一眼,转身就走了。

恰好这时候,老板进来了,遇到大姐就握着她的手说:"哎呀,顾大姐,您来了!真不好意思,我刚出去有点事,让您久等了。来来来,里面坐。"

燕子有点费解:老板才三十出头,管人家叫"大姐"?就在她愣神的时候,大姐突然对老板说:"还叫大姐呢?你们这儿的姑娘都管我叫阿姨了!"

燕子顿时脸就红了,她这才知道自己在称呼上犯了错误,得罪了客户。

称呼看似简单,实则蕴含着许多信息。一个巧妙而适当的称呼,体现的是说话者对他人的尊重,就像妙音入耳,让对方觉得很温馨,能够缩短彼此之间的心理距离,使感情更融洽,沟通更顺利。尤其是在职场上,更不能随便称呼他人。

称呼的格调有雅、俗之分,应依据对方的情况选择合适的称呼。对一些德高望重的老人,切不可张口就称"老伯",

可以称之为"李老";或者加上对方的头衔,如"李教授"。前者带有敬仰之意,后者则是一般的尊称。若是平日里与陌生的老人相遇,倒不妨这样打招呼。

再者,年轻的女人喜欢称呼别人"师傅",听起来很亲切,但文雅不足,并不适用于所有人,要视场合、双方关系来定。对工人、厨师称呼"师傅"比较合适,可对医生、干部、军人等就不合适了。若担心说错,最好在姓氏后面加上对方的头衔、职务,这样显得正式,不失尊重。

在涉外活动中,可依照国际通行的称呼惯例:成年男子称"先生",已婚女子称"夫人""太太",未婚女子称"小姐",年长但婚姻状况不明或职业女性,则统称为"女士"。若知道对方的姓氏、职称,也不妨加上,这样更显得对他人的重视和尊敬。

每个人都渴望被尊重,而礼貌地称呼别人恰恰是对他人的尊重以及自身修养的表现之一。

在交际中,女人要尽量多用尊称和敬语。对一些资历老的同事,要称呼"老师",毕竟"三人行,必有我师"。对经理和上司,一定要予以尊重,不要称呼对方"老大""老总",直呼"经理""主任"就好。

现在,年轻人的思想都比较活络,在称谓上也很亲昵。可是在职场中,尤其对女性而言,亲昵的叫法还是尽量少用,一来容易引起别人的误会,二来会显得比较轻浮。

关系比较亲近的同事之间,彼此偶尔会起个绰号,这显得比较亲切。但这些绰号私底下称呼还好,切不可用在公共场合中。对待上司,尽量要保持尊重的态度,切不可胡乱起绰号。

某公司的办公室主任每天都坐不住,不是在其他部门坐坐,就是在某个下属的工位前转悠。他说:"我这是联络感情,熟悉业务呢!"总之,办公室里经常看不到他的影子,有时下属找他反馈情况,还得打电话。

有一次,某下属找不到他,就郁闷地说:"咱们主任像一只勤劳的小蜜蜂。"自那以后,大家私下就叫这位主任"小蜜蜂"。

后来,这外号就在整个公司传开了,同事们大都会这样说:"小蜜蜂叫你去他办公室。""小蜜蜂说了,这次的客户来头很大,大家小心点。""小蜜蜂今天又不知道去哪儿了。"

有一回,某员工正在写报告,突然看到主任站在自己面前,愣了一下之后,脱口而出:"小蜜蜂怎么来了?"

主任觉得莫名其妙。那位员工意识到自己说错话了,不知如何解释。

旁边的一位老员工见此情景,连忙打圆场:"是啊,刚刚我也看见那只蜜蜂了,现在不知道飞到哪里去了。"

主任摇摇头，走了。这位说错话的员工吓得着实冒了一身冷汗，说："以后还是少叫'小蜜蜂'吧，万一哪天被他知道，就没今天这么幸运了。"

说了这么多，就想提醒一下女性朋友们，想要在职场中与人顺利协作，赢得对方的好感，在对别人的称呼上一定不能马虎。分清楚交谈场合和主次关系，了解对方的身份、地位、个性、喜好，多使用礼貌用语就能给人留下好印象，避免尴尬。

适时表现自己，成功才不会与你擦肩而过

中国向来提倡含蓄美，因此，有的女人明明很有实力，却因为不敢表现，结果错过了展示自我的大好机会。

女人要敢于表现，主动去寻求赏识自己的伯乐，但也不必期待别人对自己的赞赏，并且在自我欣赏的同时也要懂得自我反思。在合适的时间和地点，抓住机遇来表现你的才华，这样才有可能成功。

第八章 能说会道：成为纵横职场的职业女性

邓文迪可以说是一个在全世界都具备极高知名度的女人，不因为别的，只因为她的前夫是全球传媒大亨默多克。这样一个身家过亿、备受关注的女人，自然少不了传奇历史。

当时，邓文迪刚从耶鲁大学毕业，准备回香港发展。在飞机上，她恰好坐在了默多克新闻集团的董事布鲁斯·丘吉尔旁边。布鲁斯这次去香港，是到 Star TV 任副首席执行官。

邓文迪当时就认出了布鲁斯。也许有的女人即便认出了他也不敢贸然和他攀谈，甚至连打招呼都有点胆怯。而邓文迪则不会让这个机会白白浪费，她大胆地来到布鲁斯的身边，极其自然地和他聊天，同时不失时机地展示自己的有利条件，轻而易举地得到了卫星电视公司总部实习生的工作。

邓文迪所展示出的自信和过人的公关技巧，不仅给自己创造了一个最有发展前途的机会，还让所有心怀梦想的人知道，只要你敢于表现自己，那么梦想终归会越来越近。

拿破仑·希尔指出："有很多思路敏锐、天资高的人，却无法发挥他们的长处参与讨论。并不是他们不想参与，而是因为他们缺少信心。"在拿破仑·希尔看来，美丽可以让一个女人脱颖而出，但是美丽却很容易让人遗忘，而自信带给人们的触动和影响却能持续相当长的时间。

大声地告诉别人你的观点，即便没有得到认可，你也在其他人的心里留下了深刻的印象。

当今时代，女人如果还只是懂得埋头苦干，以为这样就能发展，那就错了。如果不去表现，谁会发现你的才能？就算你终于被发现了，又浪费了多少时间、多少精力呢？

高菲从一所名牌大学毕业后，放弃了去国企工作的机会，进入一家国内知名的民营企业。她喜欢私企相对高的自由度，认为这样可以更好地展现自己的才华。

而她在努力工作了几年之后，事业并没有什么发展，心灰意冷之余，她准备向公司辞职。当时，她对公司副总提了一些建议，包括对机制改革的看法等。

副总听了她的表述之后，十分惊讶，说："你所说的正是近几年公司出现的问题，你既然发现了公司的各种漏洞，为何一直没有说过呢？为什么不针对这些问题来提出具体的改革措施？

"你现在辞职就等于向自己低头，承认自己没有向前发展的本事，更不能说明你有才华，而不是公司没有发现你的才华。你应该拿出方案给老总看，看他的回应和想法，如果他认为你的意见不可采纳和实行，那时候你再辞职也不迟。"

高菲接受了副总的挽留，心想：反正几年都过来了，也不差这几天，就决定再干一个月。

于是，她在两周内写出了六十多页的材料，不但分析了当前公司的行政管理、销售管理，就连公司的组织结构也分析得很透彻，并且拿出了具体的改革方案。

在报告中，高菲用犀利的语言说明、分析了公司的各种问题。在之后的一个星期中，她表面平静但内心不平静，因为她做了自己很久之前就想做的事，并按自己的想法规划了公司的发展前景。

又是一周过去了，高菲认为自己真的没必要再留下去了。就在这时，老总亲自打来电话，约她面谈。

老板非常感激高菲能提出一套改革方案，也很后悔这些年没发现她这个人才，于是决定任命她为公司执行副总，让她按照报告来实施改革方案。

在会谈的最后，老总告诫她："比起这方案，你更加需要表现自我的勇气！"

有了老板的肯定和鼓励，高菲更有信心了，执行起工作来也是雷厉风行。经过半年的大调整，公司呈现出一派欣欣向荣的景象。随着公司日益壮大，她的薪酬也在不断提高，更重要的是，她明白了该怎么工作，这让她很有成就感。

机会不等人，如果想从千军万马中脱颖而出，女性朋友除了努力地工作外，还需要给自己创造机会，让别人看到自己的能力。

敢于表现是一种眼光和智慧，要看准时机迎难而上。因为一个人在职场拼搏的时间有限，所以该出手时就出手，一旦有机会,就要大胆地表现自己的风采。但大胆表现自己的时候,也要切忌锋芒毕露,否则就会为自己带来不必要的麻烦。

女人成功的模式有很多,但仅仅踏实苦干还远远不够。成功不仅需要女人能干、会干,更重要的是还要敢于表现。工作中总是有很多竞争者,如果女人不懂得适时地表现自己,那么,成功的机遇很可能会与自己擦肩而过。

掌握好说话尺度,等于骑上了一匹宝马良驹

当你在工作中受到高度认可后,你高兴得手舞足蹈,却没发现上司已经暗自皱眉了。我们都知道克制"怒和哀"的道理,但克制"喜和乐"的道理却往往被我们忽视。如果你想升职,就必须知道分寸,懂得适时收敛。

在工作中,职场女性难免会遭遇一些尴尬情况,各种酸甜苦辣只有她们自己才知道。这样的女性朋友,一定要学会用女性特有的智慧将自己的魅力展现出来。

掌握好说话的尺度,无异于骑上了一匹宝马良驹,可以让你在职场中无往不利。但如果掌握不好的话,则会让你在

职场中陷入被动。

女人在做事的时候,不能只是一味地盲干,要懂得适时而进,适时而退,适时表现,适时收敛。

女人可以聪明,但是不能太聪明了,因为"分寸"二字很重要:女人要用自己的聪明来引起男士的注意,又要在适当的时候隐藏自己的聪明。

杜悦是通过积累经验得来的聪明,而非"天资聪颖"。所以,在各种进退的选择中,先前她似乎是失去了,后来才发现是得到了。这就是经历了这么长时间,她始终魅力不减的原因。而不像有些人,显极一时后又迅速凋落了。

她成功的秘诀就在于,她懂得适时地收敛,包括在事业上和家庭生活中。不论在高兴时还是悲伤时,不论在成功时还是失败时,她都能得体地表现自己,控制自己的情绪,让自己处于最佳状态,给人以舒服的感觉。

杜悦说:"小事上我会妥协,大事我不会。比如,家里的事我可以多付出些,这没什么,都是小事。但对我来说,老公对我的尊重才是大事。表面上看,我不属于那种很有原则的人,但我是很固执的。小时候,我妈常说我拧,想做什么就做什么。

"为原则而妥协我是做不到的,但我会为了情感而去妥协。就像在工作中,我吃点亏就吃了,这没什么,但别人不能因此而把我当傻瓜看。在金钱上,我对朋友很大方,但我可不做冤大头。对待亲朋,以爱换爱,为了爱而妥协,这些都不是问题。"

说到自己,杜悦把自己归入了贤妻良母的行列;说到老公和儿子,她更是满嘴溢美之词。由此可见,她受人欢迎的原因就是她始终都很本分,一直在做自己该做的事。

她说:"男女关系也是这样,因为太爱对方,所以有时会吃醋。这是人性的自然流露,但自己可以掌握'酸'的程度。如果不去控制这种'酸'味的话,会招致爱人的反感。聪明的女人要懂得适度原则,偶有'酸'味可以增加生活中的情调,但过火了就不好了。"

杜悦就是这样一个进退自如的女人,在不失原则的同时,还能很好地掌控各种局面。说话适度、得当,别人就很容易接纳你、帮助你、尊重你,进而让你的愿望得以实现。反之,如果你说话不得当,就会给人留下不知轻重的印象,招致别人的讨厌不说,还会将自己推入孤立无援的境地。

高情商的女人,都能很好地掌控自己的脾气和性格,该怒则怒,不然的话别人还以为你是软柿子——好捏。与此同时,还要怒得"得当"。你可以在他高兴的时候任性撒娇,在他脆弱的时候体谅他的难处,展现出你善解人意的一面。

懂生活、有分寸,才是让女人活得更好的必要"硬件"。

美丽的容颜终会逝去，而智慧的处世方法会伴随一生，让女人生活得精彩和幸福。

太过招摇，只会把自己推向风口浪尖

工作中真正懂得表现自己的职场女性，通常会在表现自己的时候又不让别人察觉到。她们不会以自我为中心，自顾自地在那里大谈特谈，而是能给人一种"参与感"：与同事交谈时，她们喜欢用"我们"，不喜欢用"我"。因为"我"给人一种距离感，而用"我们"不仅无形中把同事拉到了同一阵营，并且更有亲和力，还可以按照自己的意图影响他人。

受传统观念的影响，大家更加喜欢踏实、低调、温柔、和善的女人，而锋芒毕露的女人与男人比较起来，会更容易招人反感。女人行走于职场中，如果太过招摇，太过标榜自我，就很容易把自己置于风口浪尖，遭遇各种潜在的危机。

第一天上班时，李蕾为了能够给同事和领导留下一个深刻的印象，特意打扮了一番：穿了一条漂亮的连衣裙，化了淡妆。加上她本来就天生丽质，因此，她显得十分出众。所以，当她走进办公室的时候，几乎所有的同事都禁不住盯着她看。

李蕾让同事和领导都深刻地记住了她，果然成了办公室里的"明星"人物。有了这样一个"良好"的开始，她本以为自己一定可以很快融入到新的工作环境中，然而，令人没有想到的是，几乎没有一个女同事愿意理睬她、与她合作，似乎她们都对她怀有敌意。

而男同事虽然愿意接近她，但认可她的容貌多过她的能力，而且，他们当中并没有多少人愿意成为她的工作搭档。因此，李蕾本以为一帆风顺的职场路变得非常坎坷。

可见，李蕾想要"鹤立鸡群"的心理给自己带来了麻烦。而现实中，像李蕾一样做事适得其反的人并不在少数。

每个人都希望自己能够光环闪耀，被万人瞩目，但不能忽视成为"明星"的后果，尤其是在职场这样的竞技场中，你表现得太过突出，会抢了别人的风头和机会，别人就会远离你，甚至敌视你，让你的工作难以顺利进行。

因此，在没有实质性利益冲突的时候，做一个韬光养晦的职场丽人才是明智之举——千万不要把自己置于风口浪尖，去当那种吃力不讨好的职场"女明星"。

聪明的职场丽人，不会让自己掉入"鹤立鸡群"的陷阱中。要想避免"鹤立鸡群"心理带来的负面影响，心理学家建议大家可以从以下几个方面努力：

一、不要期望"鹤立鸡群"

我们在言谈举止上应该表示出自己的善意，并考虑对方的立场、言行。态度不要太过严肃或太注重形式，尽量和同事打成一片，不要强调自己高人一等或摆出高高在上的姿态。

二、切忌锋芒毕露

在公司里，要是你整天念叨"我要自己当老板"，"我要开个这样的公司会做得更好"，很容易被同事看作异己，而把你放在他们的对立面上。如果不幸让老板知道了，你也会被老板当作"清理"的对象。

在办公室里大谈人生理想，会显得很滑稽——你公开自己的进取心，就等于公开向同事挑战。做人要低调一点，这是自我保护的好方法。你的价值体现在做多少事上，在该表现时表现，不该表现时就得韬光养晦。但凡做大事的人，都不是说大话的人。

三、表现要适可而止

如果你有才能就应该表现出来，但不可锋芒太露，否则容易遭到嫉恨。当你提出自己的见解之后，别人自然会判断它是否可行。那种不接受别人的提醒，又批评别人的意见，通过贬损他人来褒扬自己的做法，实在是不可取。

四、听听别人怎么说

诚恳地聆听同事的意见，也是增进同事友谊的方法之一。莎士比亚说："对于他人的话，你要善意听之，如此，你将得到五倍的聪明。"如果你要改善与同事的人际关系，那你就要承认对方的长处，而且时常称赞他对公司、对他人都十分重要。这样会让对方觉得被重视。

五、对别人不妄加评论

如果有人炫耀自己的精明、能干，大谈如何获得老板的欣赏，你千万不要评论人家，说他是个骄傲、虚荣的家伙，而应尽量让自己远离忌妒和诋毁，学会真诚地赞赏和学习。

不论是在私底下或是在聚会场合，与同事交谈时都应该避免在背后议论别人，尤其当你对某位同事或上司不满时，更要尽量避免在外人面前提及。

六、只当一个暂时的听众

如果对方有所抱怨，你不妨暂时充当听众，最好不要附和或加以反驳，如此，不仅可以与对方维系良好的关系，还可减少不必要的误解。

如果一个人向你抱怨老板如何不好，你也不要多管闲事，比如打小报告，不然一旦事情泄露了，不仅那个抱怨的人会怨恨你，其他人也会排斥你。

言谈举止，是女性在职场中成败的关键

女性在生活中喜欢八卦，聊些小道消息。进入职场后，她们根本没有注意到自己的这个毛病会带来什么影响，还是会肆无忌惮地打听八卦新闻，和同事分享小道消息。

这种不注意自己言谈举止的作风很可怕，如果你的言谈举止触犯到了对方的利益，对方一定会想方设法地进行报复，而这时你就很有可能成为对方的靶子。

作为职场女性，如果你说话很随便，经常感情用事，甚至会因为一点成绩就得意忘形，这些不好的言行习惯在职场中就会给你带来阻碍。

当你的这些言行超出别人能容忍的程度时，别人必定会找各种机会给你穿小鞋，或者把你当成活靶子打，甚至还会杀鸡给猴看。

梅子研究生毕业后，凭着自己的实力参加了几场面试，过五关斩六将才挤进了一家有名的合资公司，只不过上班后还是个小职员。

公司在办公区有个不大不小的休息室,是员工们吃午饭、喝咖啡、商务会谈的场所,所以有很多闲话都是从这里传出来的。

有一天中午,梅子去休息室冲咖啡,正好遇到两个同事在闲聊。她们看到梅子进来了,也把她拉进闲聊中。

一个同事说:"你们知道吗?听说咱们部门经理是胡总的老相好,那次胡总来咱们部门视察时,他俩对视的眼神可暧昧了。"

另一个同事也说:"就是就是。那次胡总一进经理的办公室,经理就把百叶窗给拉上了,两人不知道在里面干什么。"

梅子这时插话道:"听说经理只有大专文凭,能力实在是不敢恭维。唉,我们这些本科生、研究生还不如一个大专生。"

说完这句话,梅子就后悔了。因为这两个同事来公司很久了,她们之间说什么自然是没事的,可是自己说的话会不会被她们传出去,那就不一定了。想到这儿,梅子紧张地离开了休息室。

没过几天,梅子被公司辞退了,因为那两个同事告了黑状:她们把自己说过的那些闲话都推到梅子身上,并说给经理听了。可见,两人怕梅子会把她们说的闲话传出去,就先下手了。

第八章 能说会道：成为纵横职场的职业女性

梅子真后悔不该听那两个同事的闲话，更不该说那句对经理不满的话。正因为她言行不当，才导致自己被别人当了靶子。

在职场中注意言谈举止，就是要知道并明白哪些话该说哪些话不该说，还有哪些事该做哪些事不该做。像梅子这样因好奇参与职场八卦，最终导致了不好的结果，千万要避免。

作为职场女性，一定要明白在什么样的人面前该说什么样的话，做什么样的事，以及不该说什么，不该做什么，也就是做到谨言慎行。

当你在职场中做到了谨言慎行，才不会被人抓住把柄。如果你没有注意自己的言谈举止，很可能会因为很小的一个细节就被别人利用，并成为别人的靶子。

有才华、有能力自然是好事，但如果你不懂得收敛，不懂得隐忍，在社会上也是很难立足的，甚至会给你招来灾祸。所以说，在职场中谨言慎行是很重要的一个方面。

身为一名职场女性，无论多么有权有势，只要你过分地张扬，狂妄自大，傲慢无礼，就不会有好结局。这在职场中并不少见。你要懂得自我控制，这样才不会轻易受到情绪的影响，不会在冲动之下做出伤害他人的事，从而给自己的职场生涯埋下隐患。

就算面对自己不喜欢的人，或者是自己厌恶的事时，也不要轻易表露出你的情绪——你不必强迫自己喜欢对方，但需要礼貌而真诚地面对对方。如果你无所顾忌，说话做事随心所欲，不在乎别人的感受，这样就会成为别人攻击的靶子。

在职场中，如果你想有一个持续、平稳的发展，就要学会收敛你的个性，学会谨言慎行、不张扬。否则，终有一天你会得罪别人，那样，别人会给你制造麻烦，打击你——即使事情与你无关，你也可能成为替罪羔羊。

柳冰是一家公司策划部的副经理，她能力很强，业绩突出，长得也挺漂亮，还多才多艺，却在公司里不太受欢迎。

柳冰刚进公司的时候，凭借自己优秀的专业能力，经常给上司提出很好的建议。再加上她工作努力，同事对她的评价都不错。

在公司的团建活动或年会中，能歌善舞的她非常活跃。周末和同事一起去聚餐唱歌，她也是抢尽风头，这就遭到了几个女同事的白眼。

工作闲暇之余，女同事总喜欢谈论一些穿着打扮的事情，而她这时总会无所顾忌地指出某某的不足之处。渐渐地，很多同事都开始讨厌她了。

柳冰在公司工作了三年，竟然没有建立起自己的人脉网，公司的新老员工都明显地孤立了她。再加上她争强好胜,多次导致工作出现问题,而上司在多次劝告她无效后让她另谋高就去了。

像柳冰这样的女性,工作能力虽强,但跟他人交往的时候不懂得收敛自己的锋芒,认为自己是最优秀的,随心所欲地想说什么就说什么,想干什么就干什么,最终将会孤立无援。

身为职场女性,一定要多站在别人的角度思考问题——如果你站在他人的角度上思考了,这样才能了解别人的真正意图,也才不致树敌太多,让自己被孤立并成为靶子。

有些话,能让给别人说的就让给别人说;有些事,能让给别人做的就让给别人做;有些风头或功劳,能让给别人抢的就让给别人抢。总之,你要谦和、谨言慎行——隐藏自己的锐气,做一个成熟而有城府的人,你的路就会好走很多。

在职场中,有些女性喜欢聚集在一起聊八卦,这种人多嘴杂的场合,你一定要远离。说闲话,听闲话,最终你会落闲话——而闲话的目标人物,最后也会成为你。不说别人闲话,不掺和别人说闲话,那些麻烦事就不会找上你。

不要把自己的心里话说给某些人听,否则,你在与对方有利益冲突的时候,对方知道了你内心真实的想法,会利用你的心理弱点明里暗里地打击你。这样,你就成了别人的活靶子。

在与比你职位高的人交往时，一定要谦和，不要草率地指出对方的错误，更不要四处鼓吹自己要超越对方，而要顺着对方。这样，你才能免于跟对方产生矛盾或冲突。

言谈举止决定你的职场生涯，你要注意尽量避免因为言行问题而伤害别人，导致自己在职场交际中的失败。

撕掉"灰姑娘"的标签，成为职场红人

很多女人在职场中像超人一般努力工作，兢兢业业、任劳任怨地埋头苦干，但最后并没有给自己带来期待中的回报——不要说加薪升职了，就连领导的夸奖都没有收到过几句。这样心酸的情景，相信很多职业女性都遇到过。

女人在职场中想要受到领导的重视，所以就拼命地工作，提高业绩。但在自己一番努力之后，领导是不是真的看到你对公司做出的贡献呢？

现如今，很多企业都推崇"团队合作"，在这样的工作氛围中，你即使是一块金子，领导也不一定能看到你身上的光芒。那么，怎样才能摘下职场"灰姑娘"的标签，成为一名真正的职场达人呢？

关键就在于，要让领导看见你的功劳和成绩。

怎样让领导看到你的成绩呢？运用口才是一个绝好的途径。很多聪明的女人都会通过各种途径，让领导知道自己的成绩和进步。

大胆的女人往往会直接向领导表明自己的成绩。当然，这里说的"直接"，并不是让你贸然敲开领导办公室的门，然后告诉领导你最近的工作取得了怎样的成绩，而是指采用直接明了的方法。比如，你可以借助于向领导汇报工作情况，适时地提到自己的努力；你也可以找一个有难度的问题前去询问领导，让领导在为你解答的同时，了解你正在用心地处理一件非常棘手的工作，从而对你的才干大加赞赏。

庞晓燕刚刚工作的时候，一直谨遵父母的教导，谨言慎行，少说多做。

可三年过去了，她还是在最初的职位上，任凭她再怎么努力工作，也没有获得领导的青睐。眼看着同事升职的升职，加薪的加薪，调任的调任，她也开始急了。

庞晓燕发现，少说多做有的时候并不能给自己的职场生涯带来机会，要多做，也要多说，努力让领导发现自己的成绩才是王道。于是，她决定改变自己的职场发展策略。

在做下一个项目的时候，庞晓燕发现这个项目有些地方非常难做，于是就以这个难点为由向领导请教。

这样一来，领导便知道了庞晓燕在做的项目，并认为这个项目困难不小。

等到项目顺利完成，庞晓燕就找机会表达自己对领导的帮助的感谢。这样一来，领导也会得知这个难做的项目被庞晓燕顺利搞定了。

每个季度的工作总结，庞晓燕都会特别用心地对待。她会把自己完成所有项目的前后经过详细地写进总结里，并分析自己的得失和成败。很快，领导就得知了她的聪明能干，以及为工作付出的努力和辛苦，从而对她刮目相看。

到了年终，庞晓燕认真做了一份年终工作总结，将自己的每一项成绩都写入其中，对每一次失误也都认真分析了经验教训。

公司副总看过庞晓燕的工作总结后，觉得她态度认真，不敷衍，既能做事，又不回避自己的失误，是一个可造之才。第二年开始不久，庞晓燕就升职做了主管。又过了一年，她成了部门经理。

庞晓燕采用巧妙的办法，让领导看到了她的努力和成绩，才让之前默默无闻的"灰姑娘"展现出了自己出色的能力和魅力，成功升了职。

聪明的女人也可以学学这一招，在职场中找机会对领导"说"出自己的成绩，成功地让领导注意到自己的努力。

第八章 能说会道：成为纵横职场的职业女性

王璐在某广告公司里是一个基层职员，用她的话说就是："干着最苦最累的活儿，却一点好处也得不到。"原因就在于，王璐的工作完成以后，成绩都交给自己的直属上司了，而直属上司上报给总经理的时候，对总经理的赞美受之无愧，却只字不提王璐的功劳。

王璐和总经理中间隔着一层关系，怎样才能让领导注意到自己呢？纠结于此，王璐一不小心，就把本应该发给直属上司的工作内容邮件点成了群发。

总经理自然也收到了王璐的邮件，而在仔细看过她整理的工作资料后，感到非常欣赏，就将她找过来谈话，并表扬了她。

王璐非常意外，也非常高兴。后来，她在处理一项非常复杂的工作任务时，又"一不小心"将邮件发到了总经理的邮箱里。总经理自然注意到了这个工作认真并有方法的女职员，后来把她调到了创意设计部门，并升了职。

职场竞争非常激烈，默默低头做事，不事张扬的老实人是非常吃亏的。要想干了活儿能获得相应的回报和更多的发展机会，"灰姑娘"就一定要跳出来，大胆地让你的工作成绩进入领导的法眼。

职场女人可以在工作总结中表现自己，比如在开会的时候抓住时机积极发言，可以向领导请教和汇报。总之，只有让领导注意到你，你才有被重用的机会。

当然，职场女人在表现自己的成绩时，千万不要夸夸其谈、言过其实，否则会给领导和同事留下很不好的印象，反而得不偿失。这时候，你一定要把握好度，得体、到位地表达是格外重要的。

第九章
秀出自我：让领导看出你的与众不同

> 勇敢与上司交流，留下一个美好的印象
> 主动汇报工作，让领导看到你的努力
> 倾听上司的话，做领导的一位好观众
> 为良药裹一层糖衣，领导会更容易接受
> 对领导说"不"，讲究一定的方法和技巧
> 你并不是老板，不要擅自替他做主
> 若是会说话，提加薪其实很简单

勇敢与上司交流，留下一个美好的印象

很多刚毕业的大学生，尤其是女大学生，由于内向、害羞，加上因为慑于上司的权威而不敢与之交流。这是不自信的表现，对工作的开展十分不利。

其实，上司并不是不通情理，他也会找机会与下属交流。另外，任何一位上司都愿意及时了解下属反映的一些情况，因为他想从中了解公司存在的问题，并找出解决方法。

但在和上司交流的时候，也要注意尺度的把握，因为这不仅对你和上级之间的来往有帮助，还能在上司面前展露你的才华，给上司留下一个好印象。

一次，公司要召开经理级会议，秘书李琦被老板命令拟写会议日程和安排的任务，并且还要下发到每位参与会议的人手中。李琦很快完成了任务，并把提纲以电子邮件形式发到了老板的私人信箱里。

在开会前两天，老板很不满地问李琦，为什么还没有看到她的计划。李琦则回答说，在几天前就传到了老板的邮箱。

老板说，由于那几天忙于洽谈业务，疏于查看邮件，并提醒李琦以后一定要注意，如果再遇到类似情况，一定要打电话追问一下。

后来，李琦又犯了工作粗心的错误，老板对她产生了不好的印象。

"千万不要以为自己已经发出的邮件，对方就一定能在第一时间看到，更不能对将要传达的信息不做核对就寄发给收件人。"这是李琦的经验教训。

如果想要让上司转变态度，恐怕还需要很长一段时间。那么，李琦近期内可能就不会得到什么提拔了。

职场女性必须永远牢记在心的生存守则，就是和上司搞好关系。不论是升职还是加薪，上司都牢牢掌握着你的职场前途，所以，能否很好地和上司进行沟通交流，才是你职场命运的关键所在。

沟通一定要有效，也就是说，经常沟通并不意味着你的沟通是有效的。促进团队合作和个人的职业发展，是需要有效沟通的。

职业发展到一定阶段，瓶颈就会集中在人际沟通上——上下级沟通不畅，导致业绩不佳和人际关系紧张的事情，也不在少数。

所以，职场女性必须注意培养自己的"办公室情商"，这样才能在竞争中占得先机。

作为下属，沟通是吸引老板目光的重要手段。话不说不清，理不道不明——沟通是一门学问，也是一门艺术。

沟通往往能带来意想不到的效果，就算上司的态度再冷淡，你也无须泄气，只要态度积极就能解决问题。

注意，谈心的场所尤为关键，一定要找一个合适的场所，并选择好时机。在整个谈话过程中，也要营造出随意的、自然的气氛。

是金子总会发光，但假如金子掉在灰堆中，它的光芒也会被灰尘所掩盖。一个有能力的普通职场女性，想要在众多精英人士中脱颖而出，就得表现得与众不同——让上司的目光停留在你的身上，这不是简单的邀宠，而是职场生存策略。

当今职场，阿谀奉承这一套对高瞻远瞩的老板已经不再受用了，即便受用，也只能是对那些暴发户老板而言。

在日常工作中，怎样才能与上司进行有效地沟通呢？

一、主动汇报

如果你抱怨上司不重视你，请先扪心自问一下：你会主动向上司汇报工作进度吗？主动汇报是你与上司进行有效沟通的前提，做到这一点很重要。

二、设身处地，了解上司

一个人只有设身处地地为上司着想，才能让自己了解上司。上司看到了什么你也要看到什么，上司想到了什么你也要想到什么,这样,你与上司沟通起来就容易了——心有灵犀一点通是与上司沟通的最高境界。

三、接受批评,错不过三

错误,第一次犯是无知,第二次犯是不小心,第三次犯就不可饶恕了。所以,在一件事情上你千万不要第三次犯错,否则,你的工作就要丢了。

四、主动帮助他人

当你的同事做事不顺的时候,你应该伸出援手。这样做,你不仅会得到上司的赏识,还能博得同事的好感。

五、接受工作任务时心甘情愿

有的时候,上司临时交代一些工作任务,下属就很不乐意,一副死不甘愿的样子。这种下属是最让上司反感的。想要给上司留下好印象,那么,凡是上司交代的工作任务一定要无条件接受,并要圆满完成。

主动汇报工作,让领导看到你的努力

在工作中,领导不可能面面俱到,比如清楚地了解每个人的工作进展情况。职场女性要想让上司对自己刮目相看,可以主动向上司汇报自己的工作进度。这样一来，上司既省心又放心，对你也会青睐有加。

很多职场女性只知道一味地苦干，每天兢兢业业，本以为自己做出的成绩能被领导注意到，没想到领导还怀疑你是不是真的在努力工作，所以有什么奖励、功劳也都会被其他会邀功的同事抢了先，她们的心里都非常委屈。

如果你能多向领导汇报自己的工作进度，就能让领导清楚地了解你的努力和付出，还会因此而欣赏你的勤奋、能干。

钟珊和张慧同时进入一家公司，经过半年的培训学习，两人进入了同一个小组。

过了一段时间，组长交给她俩一项工作任务，让她们在一个月内独立完成两个不同的策划案。

钟珊接到任务后想："这可是一次表现的机会，我一定要加把劲努力完成。"然后，她就摆出了拼命三郎的架势，卖力工作，力求把工作任务完成得尽善尽美。

过了十天，组长过来询问钟珊："怎么样？进行得顺利吗？"

钟珊说："很顺利，一切正常！"其实，她正处于一个瓶颈期，并不顺利。

而张慧接到任务后，第一件事就是询问组长："组长，这个任务要求达到什么样的水平，有什么标准吗？"组长随即详细地将一些标准和注意事项交代给她。

刚开始，张慧每隔三天就去向组长汇报一下自己的进度，并询问自己完成的部分是否有需要修改和调整的地方。过了半个月，张慧已经顺利地上了手，但仍旧每周向组长汇报一次自己的工作进度和遇到的问题。

一个月以后，钟珊和张慧两个人都拿出了策划方案。组长认真地看了一下，发现钟珊的策划内容虽然丰富，但有些杂乱，还有好几处明显的错误；而张慧的策划案清晰、简明，同时内容完整、充实，是一份非常成熟的策划案。

在小组会上，组长表扬了张慧，说她的任务比较难，却仍旧按时按量完成了；而对钟珊则简单地提了几句注意事项，并让她以后在工作中再细心一些。

钟珊心里很委屈："我到底哪里做得不好？"

每一位上司对自己的下属多少都会有这样的疑虑：手下的员工每天好像都很忙，但又不知道他们在忙什么，直接开口去问，好像又显得不够信任他们。所以，很多领导要么以为员工偷懒，要么以为员工的任务太过简单。

作为下属，最妥善的做法就是主动向上司报告自己的工作进度，让上司放心，而不要等事情做完了或上司询问时再讲。

此外，主动向领导汇报工作的做法，是一种规避错误的最佳方法。

有时，我们在工作中不自觉地会犯一些小错误，如果没有及时发现，发展到后来就会变得无法收拾。而早早地向上司汇报你的工作进度，一旦有了错误，上司可以及时地指出来，这会让你避免在今后的工作中犯更大的错误。

魏晓曼在公司已经工作两年了，但因为顶头上司王主管管理的事情太多，工作繁忙，她几乎没有机会受到上司的注意和指导。她想：与其坐等，不如主动出击。她决心制造机会，和王主管就工作问题谈一谈。

一天，公司开完阶段会议后，同事都下班离开了公司，只有魏晓曼主动留下加班。借着去茶水间冲咖啡的机会，魏晓曼赶忙跟王主管打招呼："王主管，您怎么还没有下班？"

魏晓曼虽然是王主管的直属手下，但因为人员众多、事务繁杂，他对魏晓曼并不熟悉，只是笑着打了个招呼："小魏啊！你怎么也没下班？"

魏晓曼说："哦，我整理完今天的会议笔记就走。对了，王主管，我有件事想问问您，就耽误您几分钟可以吗？"

王主管没有推辞。

于是，魏晓曼飞速跑回自己的办公桌，拿起近期正在做的一份报表，向王主管询问："这是上个月您交给我的工作任务，我已经完成了60%，您看看有什么地方需要修改的？"

王主管认真地看了看魏晓曼的报表，非常欣慰："做得不错！我最近没有顾得上你，没想到你的效率这么高，看来你能够胜任更难的工作了。做完这个工作，有没有勇气接更难的？"

魏晓曼早就想有个提升的机会，自然赶紧表态，自己经得起挑战。此后，她逐渐受到了王主管的重用，成为王主管最得力的几个手下之一。

女人在向上司汇报自己的工作情况时，可以提出一些改进意见，然后征求上司的首肯。这样，上司会觉得你是一个有责任心，又肯动脑子的员工。

主动向上司汇报自己的工作情况，还能让上司对你更加了解——当他看到你的才干之后，也会更加器重你。

倾听上司的话，做领导的一位好观众

沟通是与他人建立良好关系的前提，而在职场中，你最需要与之建立良好关系的人莫过于你的上司了。有的职场女性觉得和上司沟通很难，但是，一次开诚布公的交谈，往往会使得你与上司的关系获得出乎意料的进展。

认真倾听领导的讲话是一种低姿态，它的潜在意义是，认真做上司听众的下属，尊重领导的权威，认同领导的意见和观点。

你要学会换位思考：当别人认真倾听我们谈论对某件事的看法时，我们是不是也会有一种满足感？或者，还会有一种比对方更强的优越感。不知不觉中，我们就拉近了与对方的心理距离。

同样的道理，当我们甘愿做领导的忠实听众时，也会产生这种效果。在与领导交往的过程中，要学会用心倾听领导的谈话，这不但可以让你在领导的谈话中学到经验和知识，还是一种很好的交流方式。

杜子纹是一个谦虚好学的人，但初进公司的时候，因为年轻、不懂事，她与上司的关系搞得并不太好。为了让她们之间的关系更为融洽，她开始关注上司。

当杜子纹得知上司喜欢瑜伽后，便开始三番五次地创造机会，向上司请教瑜伽的奥妙之处。

由于杜子纹摸到了上司的爱好，又能够虚心讨教，一来二去，上司也改变了对杜子纹的偏见，耐心地向她讲述一些修习瑜伽的经验，并热情地推荐她加入瑜伽练习的行列。

上司一讲起瑜伽就滔滔不绝,杜子纹每次都会表露出非常感兴趣的表情,认真听上司讲。

作为职场的优越者,领导在任何时候都会愿意对别人说一些自己的经验之谈,或者炫耀一下自己的功绩。

作为领导,自然喜欢扮演演说家的角色。当你专注地看着领导,听着他讲话,并不时做出回应时,他会觉得自己受到关注,被他人需要、敬重了,于是,他也就会对你产生好感,并非常乐意与你交往。

做领导的观众还有一个好处,你可以亲自聆听领导在某一方面的想法,这些想法有助于你弄清楚他的真实意图。

有的时候,领导会无意地说些与工作表面不相关,实则很有关联的事。细心的你也许会从领导的口中得到一些重要情报,而这是非常有利于你的职场发展的。

认真听取领导的谈话,只需要贡献一双耳朵,你并不会损失什么。当然,在倾听的时候,你的态度一定要专注,而不要打哈欠、看时间、左顾右盼,这样会让领导非常扫兴,从而觉得你根本不尊重他,那他自然也不会对你产生好感和信任。

在倾听上司说话的时候,聪明的女人还要适时做出回应,这表明你在认真地倾听。你还可以发现一些领导常说的口头语,从而推断出他的性格和喜好。

朱佳经常以汇报工作为由和老板聊天,老板也经常会给朱佳讲一些他的经历和感触。

有一次,老板对朱佳说:"一个人能不能成就事业,并不是看他多会做事,技术多好,而是看他会不会做人。"

朱佳马上来了兴趣,问:"您是不是有什么类似的经历啊?"

老板的脸上显出一种沉入回忆的表情,说:"是啊!我刚刚走进职场的时候,真是一个什么都不懂的毛头小伙子,以为凭着自己的一股干劲就能够在事业上大有成就,结果却因为不懂人情世故而处处碰壁。有一段时间,我平均每三个月就会换一份工作。

"第一份工作,我不懂和上司、同事进行沟通,闷头干活儿,结果因为交流不够,工作频频出错。第二份工作,因为同事在我背后说坏话,我非常生气,跟同事大吵一架,结果影响很不好,无奈地离开了公司。后来的一份工作,又因为得罪了客户而被辞退。

"时间一长,我渐渐地长了心眼儿,经过几年的打拼,这才自己开了公司,还好在客户圈中有一个好人缘。"

朱佳在听的过程中非常专注,不时地点头和微笑。老板说完之后,她说:"老板,您真是一个善于改变自己的人,我觉得在您手下工作收获非常多。我以后也要向您学习——

要做事,先学会做人。"

老板乐了:"你还真是现学现卖,马上就会说话了。好好干,年轻人的路还长着呢!"

很多人苦于没有机会与领导交流,如果领导主动和你聊天、谈话,可以打开你与领导之间的僵局,增加领导对你的印象和兴趣。认真倾听会使领导产生心理满足感,还会使领导觉得你有上进心和进取心、谦虚好学,并因此对你更为看重。

倾听上司讲话是一门艺术。做领导的听众,是一个让你赢得领导青睐的绝佳时机,因为这会更容易让领导赏识你,也更愿意栽培你。

认真倾听领导讲话也需要适度的恭维,这是增进双方感情交流的方法。如果在与上司谈话时,你能聚精会神地聆听,那么,你就会很快地"听"出你的利益——升职加薪。

你让上司一吐而快,让他觉得有成就感,从而会对你更加看重和亲近,这其实是一个双赢的过程。

做一个 会表达的女人

为良药裹一层糖衣,领导会更容易接受

在职场中,要做一个有责任心的职业女性,比如当你面对领导的疏忽和失误时,一定不能视而不见,而要有勇气向领导提意见。

要想让领导认识到自己的错误,直言相告固然是有勇气的一种体现,但这会让领导对你产生不好的印象,还会影响你的职业发展。

很多女人心直口快,不懂得遮掩和委婉——领导犯了错,她们就会当众毫不留情地指出,让领导觉得很没面子。

还有一些女人,不仅会当众指出领导的错误,而且说话也太过尖锐。这样,领导虽然明白是自己的错,但心里会非常不舒服。忠言就像良药,往往会让人觉得苦涩,那么,我们何不在良药外面裹上一层糖衣,让人更容易接受呢?

张芳是公司销售一部的骨干分子,这天走进上司的办公室,向上司汇报产品推广策划方案。上司看了看张芳交上来的材料,说:"这份陶制餐具的宣传推广策划非常好,我决

定了,这个周末就在周边的小区举办宣传活动!"

这么重要的产品推广宣传,连市场调研都还没开始就急着搬上日程,上司也太自以为是了。

急性子的张芳马上提出了反对意见:"部长,您的决定太草率了,我们不是应该先做调研,然后再决定如何进行宣传推广吗?"

上司瞪着眼:"什么?草率?做事业就得抓住机遇,等你把调研结果拿出来,说不定别的品牌已经宣传完了,把顾客都吸引过去了。小张啊,做事不能太畏首畏尾。"

张芳挨了一顿训,闷闷不乐地离开了上司的办公室。

过了两天,上司宣布,对于新研发的陶制餐具先进行市场调研,再根据情况进行产品宣传,并且把这项原本由张芳负责的项目全部交给了销售二部的邓晓蕾。

邓晓蕾和张芳的观点其实是一样的,但是,她并没有直接指出上司的不足,而是私下里提醒道:"部长,您一贯果断、有魄力,这真是我应该向您学习的地方。不过,咱们这种新型陶瓷餐具造型精美,价格也比较贵,属于高档餐具,而周边小区的住户大多是工薪阶层,我担心咱们搭上了金钱却白费工夫。您觉得呢?"

上司觉得邓晓蕾说得很有道理,不但对她赞赏有加,说她考虑事情仔细、周全,还把这个项目从调研到宣传全权交给她处理。

领导不是无所不能的,在工作中出现一些纰漏或失误也很正常。当下属面对这种情况时,有的女人会抓住问题不放,直截了当地点明领导所犯的错误。而这样的批评就像一把双刃剑,一方面虽然指出错误并解决了问题,另一方面却会让领导非常不舒服。这或许会让你的升职加薪遥遥无期,甚至让你丢掉工作。

领导也是凡人,并不一定能做到宽容、大度、不计前嫌,要想职业之路顺畅,职场女性就千万不要得罪领导。领导喜欢聪明、识趣的下属,说话太过直接的女人在职场上只会寸步难行。

要想获得领导的好感和重用,女人在能干之外还要会说。怎么说才能既进忠言,又让领导欣然接受而不对你产生反感呢?这就一定要掌握进忠言的说话技巧。

批评的话,要学会给领导留面子;提意见的话,最好说得像建议;反对的话,要委婉地说。只有这样,领导才会更为赏识你、重用你,你才不会遭遇职场"雪藏"。

聪明的女人不会说让领导失颜面的话,而会用委婉的语气让领导意识到自己的错误,还会为领导找个台阶下,可谓是一箭双雕。

对领导说"不",讲究一定的方法和技巧

身为女性,平时面对亲人或朋友的要求很难说出拒绝的话,而进入职场后,更是如此。这是因为很多女性性格内向或好面子,从来不知道拒绝的理由该如何说出口。

职场女性面对上司的要求想要拒绝时,这不仅需要很大的勇气,而且需要一定的技巧和方法。不然,你完全有可能会得罪领导,严重的话还会丢掉工作。

面对上司的不合理要求,要采取先肯定、后拒绝的态度。例如:"我知道您的难处,但您是个通情达理的高人,我相信您也能理解我的苦衷,所以……""我明白您的意思,我也赞同您的看法,但是……""这件事如果换作是我,我也会这样做,只是……"

一家公司的老总是个等级观念森严的强硬派,就算是明摆着看起来都离谱的要求,大家也都纷纷说是,不敢违背。

一天,公司接了一本杂志广告的推广工作,全体开会讨论如何刺激发行量。老总对李雅兰说:"周末组织你们策划

部的人上街宣传杂志，还要动员员工家属购买，打五折。"

李雅兰听后很不高兴，心想：就算我们天天摆地摊卖杂志，也扩大不了多少发行量。但她没敢说这样的话，只是咳嗽了两声忍住了。

周五，大家等着李雅兰通知加班时间，她却一下班就急匆匆地走掉了，仿佛忘了一样。

过了一周，老总来问李雅兰卖了多少本杂志。李雅兰拿出一份详尽的计划书，上面罗列了上街推广杂志的准备事项以及所需的人员和经费。她说要做就要做好，因此周末加班赶制了这份计划书。

老总看到这么大费周章的计划书和这么大额的经费，便望而却步了。

李雅兰看似接受了老总的任务，实则是拒绝了，这不仅有利于减轻公司的负担，还帮同事省去了很多麻烦，大家因此都很感激她。于是，李雅兰再让大家出谋划策，提出新的营销方案，大家都踊跃参加讨论。

在某种情况下，如果不能直接拒绝，不妨先采取暂缓的原则。曾国藩有句经典名言："事缓则圆。"因此，缓兵之计是处理棘手问题的上策，因为既不会得罪领导和客户，又能体现自己的沟通能力。

在工作中，缓兵之计的用处还是有很多的。比如说，遇

第九章 秀出自我：让领导看出你的与众不同

到有人向你提出一些要求，但你既没办法办到，又因为碍于压力不能直接拒绝，这时就需要用暂缓原则先答应下来，然后再给他一个交代。

上司每次约见重要客户都要带着莹莹，她因而成了公司里有名的"交际花"，但这也不免为她带来许多困扰。而且，上司还发话："这是重要客户，不能得罪。"很多时候，莹莹都在忍着，因为她不知道该如何拒绝上司。

一次，莹莹在工作中认识了一位老总，老总对她一见钟情，频频以谈合作为由向她发出私约邀请。出于不得罪客户的规定，她每叫必到，渐渐地，这位老总的爱情攻势更加猛烈，她想来想去，决定要和上司好好谈谈。

第二天，莹莹找到上司，明确提出了自己的观点："我认为工作和爱情是两回事，如果是工作上的交流、应酬我很乐意去做，也有义务去做。但请您保留我的隐私，不要将我的个人情况告诉别人，这样会给我带来不必要的烦恼。"

随后，莹莹又找到了那位老总，告诉他："如果你真心喜欢我，就应该在乎我的感受，尊重我。请给我一些时间让我考虑清楚，我会给你一个答复。"

此后，莹莹碰到的骚扰问题少了很多。

身为职场女性，我们要学会巧妙地转移上司的无理要求。不好正面拒绝时，就采取迂回战术，转移话题也好，另找理由也罢，主要是用温和的态度始终坚持——绝不答应，但也不撕破脸皮。领导都是好面子的人，维护他的面子就是维护你的前程。

你并不是老板，不要擅自替他做主

无论什么时候，尤其是刚入职的时候，除非上司授予了你权力，否则你都不要擅自替上司做主，千万不要越权行事，那样，吃亏的只会是你自己。

作为职场女性，你要明白：该说的时候才能说，该做的时候才能做。假若在不该说的时候乱发表意见，不该做的时候擅自做主，上司会非常厌烦你。这往往也是职场女性常犯的毛病。

有些职场女性觉得自己身为女人，老板应该会对自己有所尊重，即便自己犯了错，即便有时在没经过老板同意的情况下帮他拿了主意，也没什么大不了。她们认为，哪怕做错了，但因为是女人，老板也应该宽容。

但女性朋友总是容易忽略一个问题，尤其是刚毕业的女大学生，她们似乎忘记了这里是公司，是职场——在这里，女性也没有什么特权，你只是一名员工而已，公司还是要以利益为主，只讲人情是行不通的。

作为职场新人的你应该知道，不管你帮老板处理了多少事情，也不管老板多么糊涂，甚至到了依赖你的程度，他还是你的老板，事情最终还是得由他来决定。

一家杂志社为一名作家做了一期专访，杂志出来后，作家收到了两本样书。他想多要几本以便送给朋友，于是给杂志社主编打电话，但没人接听。他又给杂志社总台打电话，一个女职员接了电话。

"麻烦你转告一下主编，这期杂志我想再多要几本。"

"原来是这样啊，没问题，您直接派人过来拿就成。"女职员非常爽快地答应了作家的请求。

作家在驱车赶往杂志社的途中，接到了主编的电话："非常抱歉，我刚才在谈事不方便接电话。你收到这期杂志了吧？不够的话，我再派人多送几本到你那里。"

但是，当主编弄清情况后，抱歉地说道："对不起，还让你跑一趟。你能告诉我是哪位员工让你现在来取的吗？"

作家很纳闷，反问道："难道这有什么不妥吗？"

"当然没问题，你要几本都可以，我只是想知道，是谁自作主张的。"

当主编知道是哪位员工替自己做了主张后，结果不难想象：那位擅自做主的女员工免不了要受到主编的一番责备，而且，她在主编心目中的印象肯定会大打折扣。

既然是客户点名要你转告主编的，作为下属，你就应该去执行，而不是替主编擅自做主张——这是越权行为，也是主编最为反感的行为。因为你不给主编面子，是对他的权威的挑战，所以，主编能不对你发火吗？

作为下属，你就应该明白上司就是上司，千万不能自作主张，越俎代庖。真正聪明的下属懂得什么事该做，什么事不该做。

"不好了！"刚接完电话，某出版公司的张经理就大叫起来，"那家价格便宜点的公司的纸张根本不合规格，印刷过程中损耗太大，还是肖老板公司的产品好。"

他狠狠地捶了一下桌子："可是，当初我为什么那么糊涂呢？还写邮件把他臭骂了一顿，说他的产品价格虚高，说他是个骗子，这下可麻烦了！"

"谁说不是啊！"助理胡英转身站起来，"那时候我就提醒过您，遇事一定要冷静，然后再写邮件，可是您不听啊！"

"都怪我当时气昏了头，以为我上了这小子的当。难怪他家的产品那么便宜,谁知道是不合格产品。"张经理来回踱着步子,然后拍了一下脑门,"我要亲自给肖老板打电话道歉!"

胡英却笑了起来,她悄悄告诉张经理:"不用打!实话告诉您,您的那封邮件我根本就没发。"

"没发?"张经理大吃一惊。

"对!"胡英自鸣得意地说。

"嗯……"张经理坐在沙发上,如释重负。停了半晌,他又突然抬头问:"可我当时不是叫你立刻发出的吗?"

"是的。但是,我猜到您事后会后悔,所以把这封邮件压了下来。"胡英对自己的小聪明很是感到自豪。

"压了三个星期了?"

"对!这是您没意料到的吧?"

"我是没意料到。"张经理却低下头,开始翻看记录日程安排的记事本,"但是,我让你办的事,你怎么能瞒着我不办呢?是不是最近发往书店调整折扣的那几封邮件也被你悄悄压下了?"

"这我可没做啊!"胡英听到这里,更扬扬自得了,"我做事有分寸,知道什么该做,什么……"

"还反了你了,这里到底谁是经理?"张经理立刻从沙发上站起来,厉声问道。

这是胡英没有想到的结果,她当时就流下了眼泪,随后她委屈地问道:"我做错什么了?"

"说你错,你就是错了!"张经理斩钉截铁地说。

作为刚参加工作不久的你,或许会认为这名助理因为私自压邮件消除了公司危机,而那个张经理不但不感谢她,反而恩将仇报。假若你是这样想的,说明你还不熟悉职场中的规则。

身在职场,作为一个下属要做的第一件事就是服从,这是十分重要的。

这名助理瞒着张经理擅自将邮件压了三个星期,她这样做是越权,是对经理权威的挑战。让这样"暗箱操作"的人做事,谁能放心呢?要知道,经理毕竟是经理,事情都是他说了算。

有时候,员工擅作主张是上司最反感的行为,这并不在于他这样做的后果是不是让公司蒙受了损失。一般来说,这种损失是十分微小的,而真正让上司动怒的原因是下属的越权行为。

上司往往会把下属擅作主张的行为与下属对自己的态度联系起来,最后认定这种做法不仅是对自己的无视,也是在工作经验与能力方面的欠缺,办事不稳重的表现。

这样一来,或许下属无意中的一次越权行为,就会造成上司在以后的工作中对自己的不信任和不支持。

这种不信任也不是谁一天两天就能改变的，对自己前途的影响是可想而知的。

所以，作为职场女性，有什么问题尽量和你的上司去沟通，千万不要随便为你的顶头上司自作主张。

若是会说话，提加薪其实很简单

每一位在职场中打拼的女性，都希望能够在本职工作上发挥自己最大的价值，可很多时候明明认真付出了，老板却怎么也不提加薪、升职的事。面对这样的情形，你是否想过找老板谈一谈呢？

很多人会说，当然想过，可不知道怎么说。确实，向老板要求加薪存在一定的风险，弄不好，不但薪水提不了，还可能惹得老板生气就此丢了工作。

某公司有个不善表达的女孩就曾犯过这样的错误：她见一起入职的同事加薪了，就直接找到老板，质问对方："我和她做的工作一样，为什么她能涨工资，我却不能？"

听了这话，老板的脸拉得很长，反问她："你是不是对我的决定有什么意见?如果你不满意的话,大可以另谋高就。"女孩闭口不言,悻悻地走人了。

找老板提加薪,真不是有勇气就行的。提加薪之前,你至少应该先反思一下:为什么老板没给自己涨工资?到底是能力问题,还是其他原因?如果真的是被忽视了,那完全可以"提醒"一下老板。

袁丽三个月前签了一笔大单,提成大概有1万元。经理见她工作很努力,就承诺要给她涨500元的工资。

可一连两个月过去了,袁丽拿到手的工资还是和原来一样多,而且连奖金也没有发放。

任谁碰到这样的事都会有些着急,袁丽忍不住去找经理询问。见她进来了,经理装作什么都不知道,问:"有什么事吗?"

看到经理没有主动提工资和奖金的事,袁丽只好自己问了:"是这样的,经理,两个月前您说给我涨工资,还有上次订单的提成,可我到现在还没有收到,是不是财务那边的手续没有办下来?"

经理一听,说帮她问问,让她回去等消息。

临下班前,经理找到袁丽,告诉她:"真是不好意思,你知道财务最近在弄年中结算,比较忙,可能一时间没来得及处理。你放心，错过的两个月工资和提成我会让财务给你补上的，好好干！"

无论老板是真的疏忽了，还是故意的，你都该去提醒一下。袁丽在这个问题上处理得很巧妙：她没有直接质问老板，让对方陷入尴尬，而是把问题"推"到了财务身上，给老板找了一个台阶下——就算老板真的是故意为之，有了这么一个台阶，他也不至于难堪。

由此可见，跟老板提加薪是一件非常考验智慧和口才的事，得事先有所准备，切不可冒失。不然的话，肯定会事倍功半，甚至事与愿违。

这里有几点建议，希望对你有所帮助。

一、开口前要准备好充分的理由

想让老板同意给你加薪不是一件容易的事，如果这期间出现了什么失误，很可能会影响老板对你的看法，不利于日后的工作。

所以，在准备开口提加薪之前，要先确定好谈话的重点，有理有据地展开，让老板意识到给你加薪对公司来说利绝对大于弊。要知道，谁也不愿意做对自己没有好处的事，如果给你涨工资能让个人和企业双赢，何乐而不为呢？

二、遭到拒绝后，要了解原因

如果老板拒绝了你的加薪请求，不要表现得太沮丧或是太激动，质问老板为什么自己辛苦付出得不到应有的待遇——这样的做法会让老板很反感。

你应该静下心来，听听老板的想法。这样的话，纵然老板现在没有满足你的请求，但也会记得你，而你也能够知道自己还有哪些不足，今后可加强再提高。

三、从侧面表达想加薪的意愿

直接开口提加薪如果觉得不好意思，那不妨旁敲侧击地"提醒"一下老板。

比如，在发现和你同岗位的同事薪水都比你高时，可在跟老板独处时这样问："老板，实在不好意思，有件事我一直没弄清楚，这几个月我的工资比同事少了几百块钱，是不是我的试用期已过，正式聘用的手续还没有办好？"

老板听了这样的话，自然会做出解释，也会明白你的意思。

四、以其他福利替代

很多时候，加薪不一定非要以工资的形式提出不可，还可以用奖金、补助、休假、培训等来弥补，非常灵活。倘若公司当时的经营状况不稳定，或者老板疲于应付财政支出，你去申请加薪、调职，多半都会被拒。此时，你不妨提出调到其他部门或岗位，间接地"加薪"。

可能有人会问："我的工作能力没问题，要是加薪的要求遭到了拒绝，怎么办？"

碰到这样的事，心里不痛快是正常的，但不必闹情绪，赶紧跳槽走人。若是除了工资以外其他方面都很好，不妨再多给自己和老板一点时间。

这段时期你要好好表现，同样一项工作，你比别人多用点心，多出点力，时间长了，上司自然会发现你、欣赏你，给你加薪、升职的机会。